Ezekiel Babire Abugri
Edward Abasimi

# Reforma e qualidade de vida dos reformados do sector público

Ezekiel Babire Abugri
Edward Abasimi

# Reforma e qualidade de vida dos reformados do sector público

ScienciaScripts

**Imprint**



Cover image: www.ingimage.com

This book is a translation from the original published under ISBN 978-3-659-81397-9.

Publisher:
Sciencia Scripts
is a trademark of
Dodo Books Indian Ocean Ltd. and OmniScriptum S.R.L publishing group

120 High Road, East Finchley, London, N2 9ED, United Kingdom
Str. Armeneasca 28/1, office 1, Chisinau MD-2012, Republic of Moldova, Europe
Printed at: see last page
**ISBN: 978-620-8-15234-5**

# ÍNDICE

# PREFÁCIO

Este livro baseia-se numa investigação que explora a qualidade de vida dos trabalhadores reformados do sector público no Gana.

A reforma é inevitável na vida de um funcionário público e na de outros. É um mundo à parte e os factos demonstram que tem as suas alegrias e desafios. Como é que os reformados do Gana passam os seus anos de reforma e qual é a sua qualidade de vida? Este trabalho avaliou e descreveu a qualidade de vida dos reformados do sector público no Gana e procurou medir em que medida o número de anos de reforma se correlaciona com a qualidade de vida do reformado. O trabalho centra-se nos elementos constitutivos da qualidade de vida dos reformados, na sua qualidade de vida e nos factores que a influenciam. Cem (100) funcionários públicos reformados da metrópole de Accra foram selecionados para este estudo com base na sua disponibilidade e vontade de participar no estudo. Sendo um inquérito descritivo, o estudo utilizou principalmente questionários para recolher dados. Os dados primários recolhidos foram analisados através da aplicação de ferramentas estatísticas. Os resultados mostram que: (I) a alimentação, o abrigo, o vestuário, a saúde, a independência financeira, o reconhecimento, o entretenimento/lazer, a ausência de dependentes, a mobilidade e o legado constituem a qualidade de vida dos reformados; (ii) os anos de reforma não têm influência significativa na qualidade de vida dos reformados e (iii) os factores financeiros, de saúde, naturais, psicológicos e socioeconómicos influenciam o nível de vida desejado pelos reformados.

Para melhorar a qualidade de vida dos reformados, o Governo poderia assegurar revisões regulares da fórmula utilizada no cálculo dos montantes fixos dos funcionários públicos reformados, a fim de permitir que estes recebam um pacote de reforma melhorado, que seja suficientemente generoso e capitalizado para os estabelecer na reforma. Para além disso, poderia haver revisões contínuas das pensões mensais, de modo a que estas fossem compatíveis com os padrões de vida actuais. Por último, o Governo, em colaboração com a sociedade civil e as organizações não governamentais, poderia construir lares de terceira idade e centros recreativos para os reformados, especialmente para os reformados menos privilegiados que não têm a sorte de ter a sua própria casa antes da reforma. Estas recomendações baseiam-se no facto de que todos os elementos constitutivos da qualidade de vida dos reformados, tal como revelado pelo presente estudo, não podem ser obtidos sem uma capacitação financeira, uma vez que todos os reformados no Gana sobrevivem basicamente com as suas prestações de reforma.

Palavras-chave: Reforma, sector público, qualidade de vida, reformados

## Sobre os autores:

**Ezekiel Babire Abugri** possui um Mestrado Executivo em Administração Pública da Commonwealth (CEMPA), um Bacharelato em Comércio (B.Com) e um Diploma Nacional Superior (HND) em Contabilidade da Universidade de Ciência e Tecnologia Kwame Nkrumah do Gana (KNUST), da Universidade de Cape Coast (UCC) e do Politécnico de Tamale, respetivamente. É um funcionário público sénior do Conselho de Segurança Nacional do Gana, com uma experiência considerável em questões de política pública e segurança nacional. É também um apaixonado por assuntos que afectam o público reformado e os funcionários públicos que se sacrificaram incansavelmente pela sua nação. Ezequiel é casado com Deborah Ezequiel e tem como filhos a Princesa Nawunpini Ezequiel e Emmanuel Wuntimah Ezequiel, respetivamente uma filha e um filho.

**Edward Abasimi** é atualmente candidato a doutoramento em Psicologia do Desenvolvimento e da Educação na Universidade Normal do Nordeste, Jilin, China. Tem um Mestrado em Filosofia em Psicologia Industrial e Organizacional e um Bacharelato em Artes da Universidade do Gana, Legon. Também possui um certificado de professor do Bagabaga Training College, Tamale. Edward é um apaixonado pela Psicologia Positiva, pela qualidade de vida e pelos factores que fazem com que a vida valha a pena. É casado com Balchisu Abasimi e tem um filho, Japheth Abasimi.

# DEDICAÇÃO

Este trabalho é dedicado, em primeiro lugar e acima de tudo, à glória de Deus Todo-Poderoso por tornar este trabalho possível e às pessoas queridas das nossas vidas, as nossas mães, esposas e filhos.

# RECONHECIMENTO

A nossa primeira e maior gratidão vai para Deus Todo-Poderoso, o Senhor das nossas vidas, em quem temos a nossa existência. Se não fosse por Ele, a realização deste trabalho de investigação não teria sido possível. Por isso, damos-lhe todo o louvor.

Gostaríamos também de expressar o nosso apreço imensurável ao Sr. Acquah Isaac pela sua orientação, direção e contributo no que diz respeito à conclusão deste trabalho. O seu contributo foi muito valioso para a conclusão deste trabalho dentro do prazo. Também vale a pena mencionar Eric Siewobr, da Castle Annex, pelo seu significativo e esplêndido contributo informático para este trabalho.

Estamos também muito gratos a todos os nossos inquiridos pelo seu precioso tempo sacrificado para responder ao questionário para este estudo. Para mencionar apenas alguns, incluímos o Sr. T. E. Nee-Okpey e os seus colegas reformados do SSNIT do centro recreativo de reformados Henry Dei em Accra e o Sr. Odan Ashley Emmanuel, Secretário Geral da Associação Nacional de Reformados do Gana (CAP 30) e os seus colegas.

Finalmente, a nossa gratidão especial às nossas queridas esposas e filhos: Para a primeira esposa do autor; Derby, a filha; Princess Nawunpini e o filho; Emmanuel. Para a segunda esposa do autor, Balchisu e o filho Jafé, pela sua compreensão, cooperação e orações durante este trabalho.

# ABREVIATURAS

| | | |
|---|---|---|
| CAGD | - | Controller and Accountant General's Department |
| CHRAJ | - | Commission for Human Rights Administrative Justice |
| EC | - | Electoral Commission |
| GNA | - | Ghana News Agency |
| H1 | - | Hypothesis 1 |
| HQOL | - | High Quality of Life |
| LQOL | - | Low Quality of Life |
| MDA'S | - | Ministries, Departments and Agencies |
| MMDA'S | - | Metropolitan, Municipal and District Assemblies |
| NCCE | - | National Commission for Civic Education |
| NHIS | - | National Health Insurance Scheme |
| NOYIR | - | Number of Years in Retirement |
| NPAG | - | National Pensioners Association of Ghana |
| NPRA | - | National Pension and Regulatory Authority |
| PMCC | - | Pearson' Moment Correlation Coefficient |
| PMS | - | Pensioners Medical System |
| PSC | - | Public Service Commission |
| QOL | - | Quality of Life |
| SSNIT | - | Social Security and National Insurance Trust |
| US | - | United States |
| VAG | - | Veterans Administration of Ghana |

# CAPÍTULO 1
# INTRODUÇÃO

O primeiro capítulo apresenta uma panorâmica geral do estudo. Descreve os elementos fundamentais do trabalho de investigação, incluindo os antecedentes, o enunciado do problema, os objectivos, as questões de investigação, o âmbito e as limitações, a importância e a organização do estudo.

## 1.1 Antecedentes do estudo

A reforma foi definida como o abandono da profissão ou da vida ativa de um indivíduo (Johnson, 2008). Assim, a reforma pode ocorrer numa fase precoce ou tardia da vida, provavelmente devido ao avanço da idade. A nível mundial, a reforma foi classificada em décimo lugar (10$^{th}$) na lista dos quarenta e três (43) acontecimentos mais stressantes da vida num inquérito da escala de avaliação do reajustamento social (SRRS) (Holmes & Rahe, 1967). A reforma é também vista como um processo e não como um acontecimento. A reforma é ainda vista por muitos em todo o mundo como a principal recompensa por décadas de trabalho diário e sacrifícios. É uma altura para descontrair, explorar e divertir-se, sem o peso do trabalho diário. No entanto, outros vêem-na como um período frustrante caracterizado por uma limitação crescente e pelo declínio da saúde (Skerrett, 2013). A reforma é ainda vista como um período de descanso do stress e do esforço do trabalho; um período em que se passa tempo de qualidade com amigos, antigos colegas de escola, etc. (Skerrett, 2013).

Em todo o mundo, a idade de reforma situa-se entre os quarenta (40) e os setenta (70) anos. Na Europa Central e Oriental, a idade da reforma é de cinquenta e sete (57) e cinquenta e três (53) anos para homens e mulheres, respetivamente (Ross & Wills, 2009). Noutros países, como a Turquia, as pessoas reformam-se aos quarenta (40) ou cinquenta (50) anos.

No Gana, os funcionários do sector público são reformados compulsivamente aos sessenta anos de idade (60), com exceção de alguns titulares de cargos públicos, como os juízes dos tribunais superiores do país, os comissários da Comissão Nacional para a Educação Cívica (NCCE), a Comissão para os Direitos Humanos e a Justiça Administrativa (CHRAJ) e a Comissão Eleitoral do Gana (CE), que foram especificados pela Constituição do Gana de 1992 para se reformarem aos setenta anos de idade (70).

Kale-Dery (2015), numa publicação do Daily Graphic com o número 19719, revelou que cerca de mil (1 000) funcionários do sector público se reformam todos os meses no Gana e que, atualmente, o número de reformados do sector público da categoria SSNIT no país é superior a cinquenta mil (50 000) pessoas. A categoria "CAP 30" de reformados do sector público no Gana está estimada em setenta e dois mil (72 000), de acordo com a unidade de pensões do CAGD do Gana.

Ao longo dos anos, os reformados do sector público e os funcionários públicos no ativo no Gana e no resto do mundo têm-se queixado do agravamento das suas condições após a reforma do sector público. No Gana, os funcionários públicos manifestaram algumas preocupações quanto à incapacidade de as actuais prestações de reforma manterem uma vida com significado para os funcionários públicos reformados. Em particular, os funcionários públicos com o sistema de pensões do Social Security and National Insurance Trust (SSNIT) queixaram-se amargamente de um estado de vida grave e insuportável devido às baixas pensões (Abedu-Kennedy, 2014).

A fim de melhorar a situação dos trabalhadores do sector público no Gana após a reforma, o Governo criou um sistema de pensões conhecido como sistema de pensões de três níveis ao abrigo da Lei 766 de 2008 e posteriormente alterada em dezembro de 2014. A lei, que entrou em vigor em janeiro de 2010, atribui à Autoridade Nacional de Regulamentação e Pensões (NPRA) o mandato de controlar e supervisionar os administradores, gestores de fundos e depositários. Além disso, fornece orientações políticas gerais em matéria de reforma. O regime prevê prestações de reforma que asseguram a proteção dos rendimentos de reforma dos funcionários públicos e garantem uma vida decente aos trabalhadores do sector público do Gana após a reforma (Mensah, 2014).

No Gana, a reforma tornou-se uma questão tão premente não só para os reformados do sector público, mas também para os trabalhadores do sector público que ainda não se reformaram. [nd]Por exemplo, no dia 22 de outubro de 2014, doze sindicatos de funcionários públicos do Gana iniciaram uma longa ação de greve para fazer valer as suas reivindicações sobre a incapacidade do governo para pagar as contribuições do regime de pensões de nível dois aos administradores nomeados (Essel, 2014). O atraso ou o não pagamento desta contribuição para o regime de pensões de nível dois, se não for rectificado imediatamente, tem a tendência negativa de afetar a segurança dos rendimentos de reforma dos funcionários públicos quando estes finalmente se reformarem da função pública. A situação destes trabalhadores do sector público também se agravaria na reforma. Além disso, os funcionários do sector público podem adotar uma atitude de tibieza em relação ao trabalho, o que culminará numa prestação ineficiente e ineficaz do serviço público.

## 1.2 Declaração do problema

A reforma, seja ela prematura, voluntária ou obrigatória, no sector público do Gana sempre foi um problema. Alguns trabalhadores do sector público do Gana fizeram tudo o que era humanamente possível para antecipar a data da sua reforma. Alguns até se candidataram a anos adicionais de contrato para se manterem em funções e se agarrarem aos seus empregos em vez de se reformarem. Curiosamente, alguns funcionários do sector público também optaram pela reforma prematura ou voluntária, mesmo quando os seus serviços são extremamente necessários.

Tem havido muitos relatos, queixas e apelos de trabalhadores reformados do sector público sobre as suas condições de vida. Muitos reformados do sector público parecem ter uma série de desafios a enfrentar. Ao longo dos anos, os governos têm feito várias tentativas para aliviar a situação dos reformados do sector público, embora tenham produzido poucos ou nenhuns resultados. Obviamente, não é por acaso que alguém opta por se reformar antecipadamente ou resiste à reforma; não é por acaso que foram instituídos vários regimes de pensões de proteção social para dar resposta aos reformados e, governo após governo, são promulgadas e alteradas leis relativas à reforma.

Indiscutivelmente, a reforma deve ter algum efeito; daí a razão pela qual as pessoas anseiam pela reforma ou resistem à reforma. A reforma voluntária, a falta de vontade de se reformar após ter atingido a idade obrigatória, o pedido de contrato imediatamente após a reforma, a manipulação da idade de reforma, as enormes queixas dos reformados do sector público após a reforma, entre vários outros factores, deram origem ao tema em investigação. Além disso, tem sido dada pouca atenção à investigação nesta área, apesar das inúmeras controvérsias, histórias e questões relacionadas com a reforma dos funcionários do sector público e dos desafios enfrentados pelos reformados do sector público. Por conseguinte, o presente estudo procura examinar a qualidade de vida dos reformados do sector público.

## 1.3 Objectivos do estudo

O principal objetivo deste trabalho de investigação é avaliar a qualidade de vida dos reformados do sector público do Gana. O estudo procura especificamente

1. Determinar os elementos constitutivos da qualidade de vida dos reformados do sector público no Gana.

2. Avaliar os factores que influenciam o nível de vida dos reformados do sector público

no Gana.

3. Medir em que medida o número de anos de reforma está relacionado com a qualidade de vida do reformado.

## 1.4 Questões de investigação

A investigação procura encontrar respostas para as questões de investigação não enunciadas:

1. Quais são os determinantes ou factores que constituem a qualidade de vida dos reformados do sector público na metrópole de Accra?
2. Que factores influenciam o nível de vida dos reformados do sector público na metrópole de Acra?
3. Em que medida é que o número de anos de reforma está relacionado com a qualidade de vida de um reformado?

## 1.5 Hipótese

O estudo procurou testar a hipótese de que:

$\mathbf{H_1}$ : Existe uma correlação significativa entre o número de anos de reforma e a qualidade de vida.

## 1.6 Importância do estudo

É um facto indiscutível que, ao longo dos anos, tem havido muitas histórias, queixas e reclamações dos reformados do sector público no Gana, ao ponto de alguns funcionários do sector público estarem motivados para aceitar a reforma ou com medo de a aceitar.

Este estudo pode ser significativamente útil para o governo e as suas agências, como a Autoridade Reguladora Nacional das Pensões (NPRA) e o Social Security and National Insurance Trust (SSNIT). Outras organizações e indivíduos que beneficiarão das conclusões deste estudo incluem associações de funcionários públicos e reformados, organizações não governamentais (ONG) e sociedades civis. O resultado do estudo pode ser uma fonte verificável de informação política relativamente às pensões no Gana. O Governo pode também ter em conta a situação difícil dos reformados do sector público e possivelmente desenvolver pacotes e incentivos para aliviar a sua situação com base nas conclusões do estudo.

O estudo poderia ainda permitir que os trabalhadores do sector público no ativo compreendessem as realidades após a reforma e, por conseguinte, elaborassem planos abrangentes para a reforma. Servirá também como um documento que os reformados do sector público podem utilizar para solicitar apoio e assistência sob várias formas para melhorar o seu nível de vida.

O estudo pretende também servir de apelo às Organizações Não Governamentais (ONGs) caritativas e a outras organizações civis cujo objetivo é conceder fundos e outros apoios a grupos menos privilegiados e vulneráveis da sociedade, como os reformados.

Por último, o estudo serviria de guia para futuros investigadores sobre o assunto, bem como para provocar mais investigações sobre o tema.

## 1.7 Âmbito e limitações do estudo

O estudo aborda a reforma e a qualidade de vida do funcionário público reformado. Centra-se ainda nos elementos que constituem o nível de vida dos reformados, bem como nos factores que influenciam o nível de vida dos reformados. O estudo examina igualmente a correlação existente entre o número de anos de reforma e a qualidade de vida dos reformados. Analisa igualmente as medidas positivas susceptíveis de melhorar o nível de vida dos reformados. No entanto, o estudo limita-se apenas aos reformados do sector público (homens e mulheres) com idade igual ou superior a quarenta e cinco anos e na metrópole de Accra.

A dimensão da população incluída na amostra é relativamente pequena em relação à população total de cerca de cento e vinte e dois mil (122 000) reformados do sector público no Gana, devido a restrições logísticas, financeiras e de tempo. Por conseguinte, os resultados obtidos podem não ser representativos de toda a população de reformados do sector público no Gana. Por conseguinte, a generalização do estudo a nível nacional pode ser enganadora, uma vez que pode não apresentar os factos relativos a todos os reformados do país. Isto pode comprometer a fiabilidade do estudo.

## 1.8 Organização do estudo

Este estudo é composto por cinco capítulos. O primeiro capítulo inclui os antecedentes do estudo, a definição do problema e os objectivos do estudo, a importância do estudo, o âmbito do estudo, as limitações do estudo e a organização dos capítulos.

O segundo capítulo analisa a literatura empírica e teórica relevante relacionada com o objeto do estudo. O terceiro capítulo inclui o contexto da investigação, os procedimentos de amostragem, a conceção da investigação, os instrumentos de investigação e a análise dos dados. O quarto capítulo descreve a análise e a apresentação dos dados. O quinto capítulo resume o estudo, tira conclusões e faz recomendações de melhoria.

# CAPÍTULO 2

## ANÁLISE DA LITERATURA RELEVANTE

### 2.0 Introdução

Este capítulo aborda a literatura teórica e empírica relevante. Incorpora elementos temáticos, tais como: a origem e o conceito de reforma, o planeamento da reforma, as fases da reforma, os efeitos da reforma, os serviços públicos no Gana, as categorias de reformados do sector público, a idade da reforma, os componentes da qualidade de vida, as questões que determinam a qualidade de vida, as estratégias para garantir a qualidade de vida e o papel das instituições/intervenientes na reforma do sector público do Gana.

### 2.1 A origem da reforma

Antes de 1889 d.C., não havia nada como a reforma dos trabalhadores. A Alemanha foi o primeiro país a introduzir a reforma em 1889. A reforma, de origem recente, estava a ser introduzida na maioria dos países nos séculos XIX e XX. Atualmente, a maioria dos países paga pensões aos seus funcionários públicos reformados, uma vez que a reforma é agora considerada um direito dos trabalhadores. Em muitos países, incluindo o Gana, a reforma está prevista nas respectivas constituições nacionais. A idade de reforma na maioria dos países situa-se entre os sessenta (60) e os setenta (70) anos.

No Gana, a reforma dos trabalhadores começou antes de 1950. No entanto, tornou-se institucionalizada e legal com a introdução da portaria sobre pensões n.º 2 em 1950, ao abrigo do capítulo 30 do decreto britânico de 1950, popularmente designado por CAP 30. O CAP 30 é um sistema não contributivo destinado a compensar os funcionários públicos que prestaram serviço público durante pelo menos dez anos e atingiram a idade de reforma voluntária de 45 anos ou a idade obrigatória de 60 anos (Kumado & Gockel, 2003). A natureza não contributiva do PAC 30 significa que os funcionários públicos reformados não efectuam quaisquer contribuições financeiras para o regime, mas recebem um montante fixo e prestações mensais regulares retiradas do fundo consolidado após a reforma (Kpessa, 2011).

O objetivo da PAC 30 era garantir a eficiência e a lealdade dos funcionários públicos para com o Estado, especialmente num período em que o nacionalismo era crucial na então Costa do Ouro (Ashidam, 2011). Outro objetivo da PAC 30 era garantir a segurança dos rendimentos dos funcionários públicos após a reforma do serviço ativo, de acordo com a NPRA. O carácter não contributivo do PAC 30 confere ao governo o direito de suspender o pagamento das prestações de pensão aos funcionários que tenham sido condenados por infracções penais e despedidos ou aos funcionários que não tenham cumprido o requisito básico de terem trabalhado durante, pelo menos, dez anos e de terem uma idade não inferior a quarenta e cinco anos.

O facto de a PAC 30 ser 100% patrocinada pelo Governo constituiu um obstáculo à sua sustentabilidade e capacidade. A incapacidade do governo para cumprir as obrigações em matéria de pensões tornou-se aparentemente evidente. Consequentemente, foi instituída a Lei da Poupança Obrigatória de 1961 (Lei 70) para incentivar os investimentos nacionais e proporcionar proteção social a nível nacional (Ashidam, 2011). A Lei 70 de 1961 foi posteriormente substituída pela Lei da Segurança Social de 1965 (Lei 279), que alargou a cobertura a todas as instituições com um número de trabalhadores igual ou superior a cinco, com exceção dos trabalhadores já abrangidos pelo regime de pensões CAP 30. Por conseguinte, o pagamento das prestações de reforma no Gana deixou de ser uma compensação pela lealdade e passou a basear-se no direito individual do trabalhador, tanto do sector formal como do informal (Kpessa, 2011).

Os funcionários públicos ainda abrangidos pelo regime de pensões CAP 30 incluem: funcionários das Forças Armadas, dos Serviços de Polícia e dos Serviços Prisionais, dos Serviços de Imigração, estrangeiros nas missões diplomáticas, membros superiores das universidades e instituições de investigação. A Lei Nacional de Pensões de 2008 (ACT 766) e a sua subsequente alteração em dezembro de 2014 regem agora as questões relativas às pensões de reforma do sector público, exceto os funcionários do sector público ainda abrangidos pelo CAP 30.

## 2.2 O conceito de reforma

A reforma é geralmente vista como o início da velhice e, por conseguinte, como o princípio do fim (Townsend, 1963). Como já foi referido, refere-se à retirada de um indivíduo da sua ocupação ou da sua vida ativa (Johnson, 2008).

Há dois factos óbvios sobre a reforma. Em primeiro lugar, o conhecimento da mesma, medido pelo bem-estar, alegria, realização, atividade, miséria, solidão, dor ou limitação do reformado, é único para cada indivíduo, tendo apenas em conta a situação financeira. Em segundo lugar, independentemente das circunstâncias em que a reforma começa, acabará por terminar com a morte, o que tem implicações significativas para os vivos (Jackson, 2009).

No Gana, a reforma pode ser prematura, voluntária ou obrigatória. A reforma antecipada é a reforma antes dos 55 anos, a reforma voluntária é a reforma entre os 55 e os 59 anos e a reforma obrigatória é a reforma aos 60 anos.

## 2.3 Planeamento da reforma

O planeamento da reforma pode ser descrito como a determinação dos objectivos da reforma em relação aos rendimentos e às medidas necessárias para os atingir. O planeamento da reforma implica o reconhecimento das fontes de rendimento, a projeção das despesas, a aplicação de programas de investimento e uma gestão prudente dos activos. O planeamento da reforma prepara o trabalhador individual para uma vida com significado após a reforma. O planeamento da reforma é holístico quando factores não financeiros, tais como a escolha do estilo de vida, como passar o tempo na reforma, onde viver e quando deixar de trabalhar completamente e vários outros factores, são incluídos no planeamento (Johnson, 2008). De acordo com Johnson (2008), os instrumentos que podem ser utilizados para adquirir os fundos necessários para a reforma são numerosos e incluem a segurança social, os fundos de investimento, as contas individuais de reforma, as anuidades, os planos 401(k) e os planos de pensão.

No que diz respeito à segurança social, Johnson (2008, p. 705) referiu que "as prestações de reforma da Segurança Social baseiam-se nos rendimentos médios do indivíduo durante uma vida de trabalho ao abrigo do sistema de Segurança Social". Johnson afirma ainda que, para a maioria dos trabalhadores, a Segurança Social calcula a média dos 35 anos mais elevados de rendimentos de um reformado.

O fundo mútuo é constituído por dinheiro reunido por um grande grupo de investidores e é gerido profissionalmente (Johnson, 2008). O gestor do fundo investe o dinheiro em acções e/ou obrigações. Os fundos mútuos podem ser divididos em quatro categorias. São elas os fundos de acções, os fundos de obrigações fiscais, os fundos de obrigações municipais e os fundos de acções e obrigações. Existem diferentes modos de investimento pelos quais se pode optar. Um investidor pode escolher entre fundos de investimento agressivos, moderados ou conservadores.

Para além dos fundos mútuos, os indivíduos têm a opção de investir em anuidades, que são contratos de investimento a longo prazo entre o investidor e uma companhia de seguros. Tal como referido anteriormente, as contas individuais de reforma (IRA) também proporcionam rendimentos de reforma. Johnson (2008) observou que as contas IRA são contas de investimento abertas através de fundos mútuos, bancos ou empresas de corretagem em nome de um indivíduo e utilizadas para investir em acções, obrigações ou acções de fundos mútuos

## 2.4 Fases da reforma

Os investigadores delinearam numerosas fases possíveis da reforma. Isto conduziu à concetualização da reforma como um processo e não como um acontecimento único (Shaw, Patterson, Semple & Grant, 2008). É vista como um processo porque, ao contrário da reforma estereotipada, em que a reforma é uma saída rápida e há muito esperada do emprego a tempo inteiro e é frequentemente marcada por uma festa de reforma e pelos votos de felicidades dos colegas de trabalho, nos últimos tempos a reforma pode ocorrer gradualmente, com a retirada gradual do trabalhador de empregos a tempo inteiro para empregos a tempo parcial até à retirada absoluta. Esta situação pode ocorrer ao longo de vários anos. Este facto deve-se a uma maior flexibilidade das políticas de reforma dos empregadores e à diversificação dos programas de pensões (Shaw et al., 2008).

Consequentemente, a reforma nos últimos tempos pode ter várias fases. Por exemplo, Atchley (1974) citado em Shawn et al, (2008) descreveu 8 fases da reforma. Estas fases são descritas da seguinte forma:

*(1) a pré-reforma, em que se formam atitudes de antecipação; (2) o acontecimento da reforma, marcado por um gesto de celebração; (3) a fase de lua de mel, marcada por férias e novos interesses; (4) a fase de descanso e relaxamento, um período de breve descanso das obrigações do trabalho; (5) a rotina da reforma imediata, um reajustamento imediato dos horários para manter a atividade; (6) desencanto, uma "desilusão" sentida após a fase de lua de mel ou em resultado de circunstâncias negativas; (7) reorientação, em que são feitos ajustamentos para acomodar objectivos de vida realistas; e (8) rotina de reforma, um período estável em que se mantém um estilo de vida satisfatório na reforma*

Shaw et al. (2008) condensaram as oito fases da reforma de Atchley (1974) em três. Estas são o processo de planeamento da reforma, o processo de decisão da reforma e a adaptação à reforma. Segundo estes autores, a fase de planeamento começa no início da idade adulta e é caracterizada pela oferta de planos de pensão e por avaliações da vida após a reforma. Segue-se a decisão de se reformar, que inclui reflexões e acções para se reformar. A terceira fase tem a ver com as acções tomadas para manter o conforto durante a reforma.

## 2.5 Efeitos da reforma

Alguns estudos postularam que a reforma tem efeitos adversos na saúde e no bem-estar, enquanto outros argumentam que pode ser a falta de saúde da maioria dos trabalhadores que os leva à reforma antecipada ou voluntária. Por exemplo, Crowley (1986) argumenta que o efeito da reforma no bem-estar do reformado pode estar relacionado com as outras condições que rodeiam a reforma, como a segurança financeira e a saúde, e não com a condição da reforma em si. Alguns académicos defendem que a reforma pode ser frustrante e deprimente de diversas formas. Sintetizando a literatura sobre a reforma, a reforma pode trazer consigo o seguinte: angústia mental inesperada do reformado, desafio da vida rotineira aclimatada do reformado, inquietação por estar inativo, stress e ansiedade da reforma que surgem naturalmente, bem como problemas de saúde que podem ser favoráveis ou desfavoráveis ao reformado (Lynda Moultry Belcher, comunicações pessoais em ehow.com, http://www.ehow.com/contributor/lynda moultry belcher/). Estes efeitos parecem ser coerentes com as afirmações de Mein, Martikainen, Hemingway, Stansfeld e Marmot (2003), que observaram que a reforma pode resultar na deterioração mental do reformado.

Sobre os efeitos positivos da reforma, Barbara Bryant (Comunicações pessoais, 2015) indicou que a reforma dá ao reformado a oportunidade de definir as suas próprias prioridades, melhorar a vida social do reformado, dedicar-se a passatempos e concentrar-se em questões de saúde a que não podia prestar atenção durante a vida ativa.

Crowley (1986) identificou 5 tipos ou categorias de reformados. Estas categorias são designadas por Reformados Obrigatórios, de Saúde, Desencorajados, Voluntários Antecipados e Voluntários Normais. Os reformados obrigatórios são aqueles que se reformam em resultado de uma idade obrigatória para a reforma estipulada pelos seus empregadores. Alguns dos trabalhadores desta categoria gostariam de continuar a trabalhar se tivessem oportunidade, mas são forçados a reformar-se com base na política da empresa. Os reformados por motivos de saúde são aqueles que se reformam por motivos de saúde, enquanto os reformados por desmotivação são aqueles que se reformam por estarem em situação de desemprego. De acordo com Crowley (1986), os reformados antecipados voluntários são aqueles que se reformam antecipada e voluntariamente antes da idade de reforma obrigatória. Os reformados normais voluntários, por outro lado, são aqueles que se reformam na idade obrigatória, mas não desejam continuar a trabalhar para além dessa idade. A partir destas categorias de reformados identificadas, é possível constatar que o bem-estar de um indivíduo pode ser afetado antes ou depois da reforma. Por conseguinte, não é fácil atribuir todo o mal-estar à condição de reforma.

## 2.6 Serviços públicos no Gana

No n.o 1 do artigo 190.o da Constituição da República do Gana de 1992, foram enumerados como serviços públicos do Gana os seguintes serviços

Função pública; inclui os ministérios, departamentos e agências governamentais, o serviço judicial, o serviço de auditoria, o serviço de educação, o serviço prisional, o serviço parlamentar, o serviço de saúde, o serviço de estatística, o serviço nacional de bombeiros, o serviço aduaneiro, de impostos especiais de consumo e de prevenção, o serviço de receitas internas, o serviço de polícia do Gana, o serviço de imigração do Gana, o serviço jurídico, as empresas públicas, com exceção das criadas como empresas comerciais. Estas incluem a Ghana Broadcasting Corporation, a Ghana Water Company Limited, a Electricity Company of Ghana, a State Housing Corporation, etc.

Serviços públicos criados pela Constituição de 1992. Por exemplo, a Comissão Eleitoral do Gana, a Comissão Nacional para a Educação Cívica, a Comissão para os Direitos Humanos e a Justiça Administrativa, etc.

Outros incluem os serviços públicos que o Parlamento pode estabelecer por lei. Entre estes contam-se a Autoridade Nacional de Identificação, a Autoridade Nacional de Seguro de Saúde, a Autoridade Nacional do Petróleo, etc. Por conseguinte, um reformado do sector público é qualquer pessoa ou trabalhador que se tenha reformado de um dos serviços públicos acima referidos.

## 2.7 Categorização dos reformados da função pública no Gana

No Gana, os reformados dos serviços públicos podem ser classificados em duas categorias, nomeadamente, Categorização dos reformados com base na organização e Categorização dos reformados com base no regime de pensões. A categorização com base na organização é aquela em que os reformados são categorizados de acordo com as organizações das quais se reformaram. Isto inclui funcionários públicos reformados, agentes da polícia reformados e professores reformados. A categorização com base no regime de pensões é aquela em que os reformados são categorizados com base nos regimes de pensões em que se encontram, quer se trate de reformados do SSNIT ou de reformados da pensão CAP 30.

## 2.8 Idade de reforma no Gana

A Constituição da República do Gana, mais especificamente o n.o 1 do artigo 199.o , obriga um funcionário público a reformar-se compulsivamente quando atinge a idade de sessenta (60) anos, salvo disposição em contrário da Constituição. O n.º 1 do mesmo artigo 199.º da Constituição também permite a reforma voluntária da função pública apenas depois de atingida a idade de quarenta e cinco (45) anos ou mais. No entanto, os n.ºs 1, 2 e 3 do artigo 145.º da Constituição da República do Gana de 1992 definem outras formas de reforma voluntária e obrigatória disponíveis para alguns funcionários públicos específicos. Os juízes dos tribunais superiores (Tribunal Superior, Tribunal de Recurso e Supremo Tribunal) ou os presidentes dos tribunais regionais podem reformar-se a qualquer momento após terem atingido a idade de sessenta (60) anos. O juiz do Supremo Tribunal ou do Tribunal de Recurso deve reformar-se compulsivamente ao atingir a idade de setenta (70) anos, enquanto o juiz do tribunal superior ou do tribunal regional deve reformar-se compulsivamente ao atingir a idade de sessenta e cinco (65) anos. Não obstante o facto de um juiz de um tribunal superior ter atingido a idade obrigatória, pode continuar em funções por um período não superior a seis (6) meses, a fim de poder dar andamento a todos os processos que lhe tenham sido instaurados antes de ter atingido a idade da reforma obrigatória.

Os n.ºs 2 e 3 do artigo 44.º, o n.º 5 do artigo 194.º, o n.º 1 do artigo 223.º e o n.º 1 do artigo 235.º, em consonância com os n.ºs 1, 2 e 4 do artigo 145.º da Constituição do Gana de 1992, estabelecem setenta (70) anos como idade de reforma obrigatória para os presidentes da Comissão Eleitoral (CE), da Comissão da Função Pública (CSP), da Comissão dos Direitos Humanos e da Justiça Administrativa (CHRAJ) e da Comissão Nacional para a Educação Cívica (NCCE). Quanto aos vice-presidentes dos organismos acima referidos, a idade de reforma obrigatória é de sessenta e cinco (65) anos.

## 2.9 Qualidade de vida (QV)

Gilgeous (1998) explicou que a QV é influenciada pela saúde física e mental de uma pessoa, pelo grau de independência, pela relação social com o ambiente e por outros factores. A qualidade de vida pode ser definida como a satisfação de um indivíduo com as dimensões da sua vida em comparação com a sua vida ideal (Diener, 1985). A avaliação da qualidade de vida depende do sistema de valores de cada um. Furmonavicius (2001) também definiu a QV como um sistema cultural e de valores alinhado com o objetivo pelo qual uma pessoa vive, relativamente aos seus objectivos, esperanças, padrões de vida e interesses.

Os conceitos de qualidade de vida e bem-estar têm sido frequentemente utilizados de forma indistinta para significar a mesma coisa ( Glatzer, Camfield, Moller, & Rojas, 2013). No entanto, Glatzer et al. (2013) tentaram fazer uma distinção. Os dois conceitos são semelhantes porque os seus indicadores são difíceis de distinguir. No entanto, argumentam que, apesar disso, podem ser distinguidos se os analisarmos em termos de indicadores objectivos e subjectivos. Segundo estes investigadores, apesar de os investigadores da qualidade de vida preferirem utilizar indicadores subjectivos e objectivos para avaliar a qualidade de vida, os indicadores subjectivos podem ser mais comparados ao bem-estar, enquanto uma combinação de indicadores subjectivos e objectivos pode ser designada por qualidade de vida. Os indicadores subjectivos são mais difíceis de medir diretamente porque "dizem respeito a estados pessoais e psicológicos, percepções, pontos de vista e sentimentos sobre a vida em geral e os seus domínios específicos ( Glatzer, P. 507). Os indicadores subjectivos incluem a satisfação e a felicidade. Por outro lado, os indicadores objectivos, que podem ser medidos de forma fácil e direta, incluem aspectos como o nível de vida ou a saúde física. Com efeito, a qualidade de vida refere-se às avaliações que um indivíduo faz tanto do bem-estar subjetivo como das componentes ou indicadores objectivos da sua vida. Assim, muitas pessoas consideram que a sua qualidade de vida não se limita aos seus bens.

A QV é uma área de estudo que tem suscitado um interesse cada vez maior. Os modelos conceptuais e os instrumentos de investigação, avaliação e apreciação da qualidade de vida têm sido desenvolvidos desde meados do século XX (McCall, 2005; Ruzevicius, 2006). No entanto, os filósofos gregos procuravam um sentido para a vida que pudesse ajudar as pessoas a procurar um nível existencial mais elevado para a sua vida. No século XX, a qualidade de vida era determinada pelo bem-estar material ou pela riqueza. Mais tarde, as mudanças na perceção do sentido da vida e dos valores influenciaram a qualidade de vida, pelo que o conceito de qualidade de vida e todos os factores mudaram (Ferrer, 2002; Juozulynas, 2004).

A avaliação da qualidade de vida deve englobar todos os componentes. Não existe uma determinação universal da qualidade de vida. Dalia (2007) delineou sete (7) constituintes ou componentes da qualidade de vida. Estes elementos da QV incluem: estado material, qualidade ambiental, qualidade da saúde da população (saúde da comunidade), qualidade da educação, clima psicológico moral, segurança pessoal (corporal, jurídica, social) e possibilidades de auto-expressão. O estatuto material inclui bens, serviços, habitação, qualidade económica, condições de trabalho e de lazer, rendimento médio, poder de compra, etc. A componente da qualidade ambiental inclui também o grau de exploração dos recursos naturais, o desenvolvimento sustentável, a qualidade da água, o clima, o solo, etc. O clima psicológico moral também inclui a família, uma organização, a comunidade, a nação.

Chung (1997), Shin (1979) e Ruzevicius (2006) também identificaram praticamente os mesmos constituintes da qualidade de vida indicados por Dalia, ibid. Estes incluem o seguinte:

i) Estado físico (saúde, carga de trabalho, resistência, alimentação, etc.)

ii) Estado material (bem-estar, condições de vida, etc.)

iii) Estado psicológico (emoções, atitudes, valores, autoestima, satisfação profissional, stress, etc.)

iv) Educação e auto-aperfeiçoamento (aprendizagem, educação, competências, aplicação de conhecimentos, etc.)

v) Relações sociais (relação com a família, sociedade, apoio, etc.)

vi) Auto-expressão e lazer (recreação, hobby, criação, entretenimento, etc.)

vii) Segurança e ambiente (segurança física, ambiente de trabalho, ambiente económico, político, jurídico, etc.)

Entre vários investigadores, Dalia (2007) tentou definir a qualidade de vida e as suas componentes para a população ativa. Dalia também realizou um estudo num ambiente em que as condições e as circunstâncias diferiam definitivamente de 13

Gana. É por estas razões específicas que o presente estudo procurou determinar os elementos que constituem a qualidade de vida dos reformados do sector público na metrópole de Accra.

Além disso, apesar das numerosas investigações realizadas a nível mundial sobre a qualidade de vida, como o demonstram os numerosos livros, teses e artigos sobre o assunto, a investigação sobre o tema no Gana é quase inexistente, para não falar dos reformados, um grupo quase negligenciado. Um livro que compila a investigação sobre a qualidade de vida em todo o mundo é o de Glatzer et al. (2015) Global Handbook of quality of life. Embora o livro não contenha a investigação sobre a qualidade de vida em todos os países do mundo, a sua cobertura é maciça. No entanto, um exame das numerosas investigações contidas no livro de 894 páginas revelou que a maioria das investigações se centrou na QV de amostras de jovens activos ou de amostras geralmente mistas, negligenciando os reformados.

No entanto, a qualidade de vida dos reformados é importante e necessita de atenção urgente. Isto deve-se principalmente ao facto de a maioria dos reformados ter uma idade mais avançada (especialmente no contexto do Gana), estar mais sujeita a problemas de saúde, estar mais isolada ou viver isolada, ter mais probabilidades de perder cônjuges, amigos e outras pessoas importantes, para além de uma perda significativa de rendimentos. As populações jovens e activas dos países em desenvolvimento pobres, como o Gana, enfrentam frequentemente dificuldades económicas e outras. Se for este o caso, qual será a situação dos reformados? É razoável prever que um indivíduo economicamente desfavorecido possa sofrer problemas de qualidade de vida do que aqueles que têm poder económico, na medida em que a capacidade de pagar a maior parte das coisas na vida, incluindo os cuidados de saúde, está ligada ao poder económico. Um aspeto que vale a pena referir e que já foi mencionado anteriormente é que a qualidade de vida difere de um local geográfico para outro e que não existe uma qualidade de vida global, uma vez que os indicadores podem variar. Tendo em conta esta constatação, o presente estudo procura responder à questão de saber o que constitui a qualidade de vida dos reformados e quais os factores que a influenciam no Gana.

## 2.10 Factores que influenciam a qualidade de vida

Tobin (2010) referiu que o nível de vida pode significar muitas coisas, mas, na sua maioria, a qualidade de vida de uma pessoa tem muito a ver com os objectivos pessoais e a capacidade de os alcançar. Indicou que os factores que afectam a qualidade de vida de uma pessoa variam, mas são basicamente o estado de saúde e a riqueza ou os recursos financeiros.

Ao debruçar-se mais sobre os factores de saúde e riqueza, Tobin (2010) observou que a saúde tem divisões económicas. É do conhecimento geral que uma alimentação saudável e a prática regular de exercício físico não só prolongam a vida, como também mantêm a sua qualidade física. Infelizmente, as pessoas com dificuldades económicas não têm muitas vezes meios para ter uma alimentação saudável. As frutas e os legumes são mais saudáveis do que a fast food, mas também são mais caros, e o exercício no ginásio também é bom para a saúde, mas é incomportável para a maioria.

Tobin (2010) continuou a indicar que as visitas regulares ao médico podem alertar uma pessoa para áreas do seu estilo de vida que precisam de ser ajustadas, a fim de evitar ou atenuar potenciais doenças. Com o atual debate sobre os cuidados de saúde ainda na lista de assuntos políticos quentes, a economia dos cuidados de saúde não pode ser negligenciada quando se consideram as questões gerais de qualidade de vida. Os cuidados médicos estão reservados para aqueles que podem pagar os prémios dos seguros de saúde ou que estes são fornecidos pelos seus empregadores. Como o desemprego continua a afetar a economia dos EUA e muitas outras economias, cada vez mais pessoas estão a perder o acesso aos cuidados médicos. Com o passar do tempo, a falta de cuidados de saúde atempados e adequados pode levar a doenças que podem destruir a qualidade de vida. Os acidentes vasculares cerebrais podem ser tratados e, nalguns casos, até prevenidos. O mesmo se aplica às doenças cardíacas. O cancro, se for detectado nas suas fases iniciais, não só é tratável, como pode fazer a diferença entre a vida e a morte.

Por último, sublinhou que, se há um único fator que afecta a qualidade de vida, esse fator é a limitação dos recursos financeiros. As pessoas que têm de trabalhar em dois ou três empregos só para manter a comida na mesa e um teto sobre as suas cabeças são mais susceptíveis de sofrer de problemas relacionados com o stress, que podem incluir tanto problemas físicos como emocionais. A vida não é de modo algum ideal para os ricos, mas o dinheiro pode comprar muitas das coisas necessárias para melhorar a qualidade de vida de uma pessoa. Factores como cuidados médicos, melhores hábitos alimentares, exercício físico e redução do stress, que têm influência direta na qualidade de vida de uma pessoa, podem ser conseguidos através de recursos financeiros adequados.

Gilgeous (1998) também indicou que a QV depende do sistema de valores de uma pessoa e do ambiente cultural em que vive. Suber (1996) propôs que a QV também depende de factores externos. Por exemplo, boas condições de vida ou circunstâncias determinarão uma elevada qualidade de vida, mas se essas condições variarem, a satisfação individual com a qualidade de vida também varia. Suber (1998) afirmou ainda que a qualidade de vida é influenciada por muitos factores e condições, tais como: alojamento, emprego, rendimento, bem-estar material, atitudes morais, vida pessoal e familiar, apoio social, stress e crise, qualidade de vida relacionada com a saúde, serviços de saúde, condições de trabalho, alimentação, educação, oportunidade, relação com o ambiente e factores ecológicos.

Tobin (2010) e Gilgeous (1998), na sua contribuição para os factores que influenciam a qualidade de vida, tentaram identificar os factores que afectam a qualidade de vida em geral.

No entanto, os factores que determinam a qualidade de vida das crianças podem não ser os mesmos dos adultos ou dos idosos. Na mesma linha, os factores que afectam a qualidade de vida dos empregados podem não ser os mesmos para os desempregados ou reformados. Para além disso, os estudos de Tobin (2010) e Gilgeous (1998) foram realizados fora do território do Gana e, por conseguinte, os acontecimentos e as circunstâncias teriam sido diferentes. É por estas razões aparentes que o presente estudo procurou identificar os factores que afectam a qualidade de vida dos reformados do sector público no Gana, em particular os reformados da metrópole de Acra.

## 2.11 Estratégias para melhorar a qualidade de vida

Molly (2009) identificou oito (8) estratégias para melhorar a qualidade de vida de uma pessoa, tal como se refere a seguir:

a. **Desenvolver a sanguinidade:** Trata-se de ser afirmativo nas suas relações. Na realidade, o otimismo aumenta o desempenho profissional, o engenho, a capacidade de resistir ao stress e a personalidade. O otimismo pode ser utilizado na forma como fala consigo próprio perante as adversidades, explica os acontecimentos passados e pensa no futuro. Na busca de uma vida boa, as expectativas positivas podem ser auto-realizáveis. Desenvolver a sua capacidade de ser otimista é vantajoso para a sua saúde e sucesso geral.

b. **Ser contemporâneo: isto implica a capacidade de** parar de refletir sobre o passado ou de se preocupar com o futuro por um momento. Tem a ver com dizer às vozes da sua cabeça para se calarem e desfrutar da sua capacidade de criar e aplicar a sua experiência no presente.

c. **Iluminar:** De acordo com Molly (2009), quando se é óbvio sobre o que é importante para si, há uma incrível sensação de liberdade. Já não vive num mundo de comparação social. Está a correr a sua própria corrida. Os objectivos, as grandes decisões e os pequenos hábitos são ultrapassáveis e revigorantes porque se tem uma imagem clara do que se quer que a vida represente. A clareza não surge facilmente. Também evolui ao longo da sua vida, o que requer uma flexibilidade graciosa. Mas vale a pena. Passe algum tempo de qualidade a obter clareza.

d. **Dar de si:** Ser mentor, contribuir e praticar actos aleatórios de bondade, expressar gratidão. Faça um empréstimo, dê o seu tempo, esteja totalmente presente para a sua família e mude o mundo. Há um milhão de formas de dar de si. É uma das equações mais positivas do mundo: Damos o nosso tempo ou recursos, o que melhora a qualidade de vida de alguém, o que nos faz sentir necessários e valiosos, o que, por sua vez, melhora a nossa qualidade de vida.

e. **Ligar:** Somos seres sociais. Ansiamos por estabelecer ligações com os outros, individualmente, com as nossas comunidades, com o nosso mundo. Preste especial atenção à sua família, ao seu amante, aos seus amigos adorados, aos seus colegas e aos seus vizinhos. Explore e reforce a sua ligação a um Poder Superior. E esteja suficientemente aberto para desfrutar das ligações espontâneas que surgem quando faz um novo amigo nas férias ou partilha um comentário espirituoso com o seu amigo no autocarro. A curiosidade genuína e a bondade são uma forma espantosa de fomentar ligações.

f. **Encontrar o fluxo:** Para alguns, é a jardinagem, a escrita, cozinhar o jantar com o seu parceiro, uma conversa intensa ou analisar números, embora exija mais energia do que as formas passivas de passar o tempo.

g. **Divertir-se:** Precisamos de diversão e capricho nas nossas vidas. Celebrar é uma forma maravilhosa de partilhar amor com os outros e incorporar mais diversão nas nossas vidas. Comemore com tradições, com elogios sinceros, com notas nas lancheiras, com surpresas, com grandes noites fora ou com noites aconchegantes em casa.

h. **Valorize-se a si próprio:** O seu corpo é o veículo que o transporta ao longo da sua vida. Ame-se a si próprio, tratando o seu corpo com respeito e cuidado. Alimente-o bem com frutas frescas, legumes, cereais integrais e proteínas magras. Mexa-se diariamente. Não fume, não abuse do álcool. Medite. Ajude-se a envelhecer bem mantendo-se flexível, protegendo a sua pele do sol e exercitando a sua mente, tendo também um bom sono.

Não se pode presumir que as estratégias recomendadas por Molly (2009) para a melhoria do nível de vida sejam universalmente aplicáveis, na medida em que o seu estudo foi realizado fora dos territórios de África e as condições e circunstâncias no mundo ocidental podem ser totalmente diferentes das do mundo africano. Para além disso, as estratégias recomendadas por Molly para melhorar a qualidade de vida eram uma resposta à vida em geral, especialmente à população ativa. No entanto, o presente estudo procurou fazer recomendações que são peculiares aos reformados do sector público no Gana e na metrópole de Accra em particular.

## 2.12 O papel das instituições/partes interessadas na reforma do sector público do Gana

A nível mundial, nunca é demais realçar o papel de várias instituições e actores na reforma dos trabalhadores do serviço ativo. O Gana não é uma exceção ao importante papel desempenhado por vários intervenientes na reforma dos trabalhadores do sector público. O Governo, a Lei Nacional das Pensões, o Social Security and National Insurance Trust (SSNIT), o Controller and Accountant General Department (CAGD), as associações patronais, os sindicatos de trabalhadores, a National Pensioners Association of Ghana (NPAG) e 17

várias associações de funcionários públicos reformados, como a Veterans

Administration of Ghana (VAG), são algumas das várias instituições/actores envolvidos na reforma do sector público no Gana.

### 2.12.1O Governo

O Governo, enquanto parte interessada na reforma do sector público, contribui com 13% da contribuição de 18,5% para a segurança social destinada à reforma dos trabalhadores do sector público. Periodicamente, o Governo oferece também serviços e assistência especiais aos funcionários públicos reformados. A promulgação e a alteração da legislação em matéria de reforma é outro papel crucial desempenhado pelo Governo.

### 2.12.2 A Nova Lei Nacional das Pensões/Autoridade Reguladora Nacional das Pensões (NPRA)

[th]Em 12 de dezembro de 2008, foi promulgada uma nova lei das pensões, conhecida como Lei Nacional das Pensões de 2008, Lei 766, sendo a NPRA responsável pela administração e aplicação da política. A nova Lei Nacional das Pensões foi dividida em quatro secções; a primeira secção trata do estabelecimento de um sistema contributivo de pensões de três níveis, enquanto a segunda parte trata do regime nacional básico de segurança social. A terceira secção trata do regime profissional de pensões, dos fundos de previdência e dos regimes individuais de pensões e da respectiva gestão e a última secção trata das disposições gerais.

O regime contributivo de pensões de três níveis é estabelecido da seguinte forma: - um regime nacional de base de segurança social de primeiro nível, um regime profissional de pensões de segundo nível e um regime voluntário de previdência e de pensão individual de terceiro nível.

O principal objetivo do regime de pensões de três níveis é proporcionar prestações de pensão que garantam a segurança do rendimento de reforma do trabalhador. Com este regime de três níveis, a entidade patronal efectua uma contribuição mensal de 13% do salário do trabalhador, enquanto os trabalhadores efectuam uma contribuição de 5,5%, perfazendo um total de 18,5% do salário do trabalhador como contribuição obrigatória para a pensão. Da contribuição total de 18,5%, a entidade patronal transfere 13,5% para o regime obrigatório de segurança social nacional de base do primeiro escalão, gerido pelo SSNIT, e 5% para o regime obrigatório de pensões profissionais do segundo escalão, gerido por administradores fiduciários aprovados.

A NPRA supervisiona, regulamenta e monitoriza o regime de pensões de três níveis com um sistema abrangente de aprovação e monitorização. A autoridade também presta aconselhamento em matéria de pensões, assegura o cumprimento das disposições da lei relativa às pensões e supervisiona a aplicação do regime nacional básico de segurança social. A Autoridade regista os regimes profissionais de pensões, os fundos de previdência e os regimes pessoais e regulamenta as actividades dos administradores fiduciários aprovados, a fim de garantir uma gestão responsável e prudente dos activos que lhes são confiados. Além disso, sensibiliza o público para questões relacionadas com os vários regimes de pensões, recebe e investiga queixas de irregularidades na gestão dos regimes de pensões, queixas dos pensionistas e aconselha o Governo sobre o bem-estar geral dos reformados.

### 2.12.3O Fundo da Segurança Social e da Segurança Nacional (SSNIT)

O SSNIT é um fundo público estatutário encarregado da administração do Plano Nacional de Pensões do Gana em conjunto com a NPRA. O Trust é atualmente a maior instituição financeira não bancária do país. Tem a responsabilidade principal de substituir parte do rendimento perdido devido a velhice, invalidez e pagamento de prestações de sobrevivência a dependentes falecidos. O regime de pensões administrado pelo SSNIT tem mais de 1,2 milhões de membros activos registados. O Fundo da Segurança Social e da Segurança Nacional (SSNIT) rege-se pela Lei Nacional das Pensões de 2008 (Lei 766), que prevê um regime de pensões contributivo de 3 níveis, sendo que o SSNIT gere o regime obrigatório de primeiro nível. As taxas de contribuição são Empregadores - 13% do salário básico dos trabalhadores, Trabalhadores - 5,5% do salário básico dos trabalhadores, totalizando 18,5%. Os 13,5% destes 18,5% são remetidos para o primeiro escalão obrigatório gerido pelo SSNIT e 5% para o segundo escalão obrigatório gerido por um regime profissional privado. A restante percentagem é remetida para a Autoridade Nacional de Seguro de Saúde como taxa de seguro de saúde nacional sobre as contribuições dos trabalhadores.

O SSNIT desempenha funções que incluem a administração geral do regime de segurança social e a proteção dos rendimentos dos contribuintes em determinadas circunstâncias.

### 2.12.4Departamento do Controlador e do Contabilista Geral (CAGD)

A CAGD, enquanto interveniente na reforma do sector público, deduz a contribuição de 5,5% do trabalhador para o SSNIT e adiciona-a à contribuição de 13% do Governo, totalizando 18,5%. Treze e meio por cento (13,5%) e cinco por cento (5%) destes 18,5% são pagos ao SSNIT e ao NPRA, respetivamente. A CAGD também continua a calcular e a pagar as gratificações e benefícios das pensões da PAC 30 aos trabalhadores do sector público, tais como os organismos de segurança do Estado, os serviços de auditoria, etc., que ainda estão abrangidos pelo regime de pensões da PAC 30.

### 2.12.5 Associação de Empregadores do Gana

A associação de empregadores do Gana, incluindo o Governo e os seus ministérios e departamentos, garante o pagamento dos 13% dos salários dos trabalhadores a título de contribuição para a segurança social para a reforma dos trabalhadores.

### 2.12.6 Sindicatos de trabalhadores

Os sindicatos dos trabalhadores do sector público defendem causas que incluem apelos, protestos, greves e manifestações para garantir melhores condições de reforma.

### 2.12.7 Associação Nacional de Pensionistas (NPA) do Gana

A NPA é uma associação de pensionistas do Estado que procura defender a causa dos pensionistas e promover o seu bem-estar no país. Por exemplo, a GNA (2015) revelou que a NPA criou um Plano Médico dos Pensionistas (PMS) para complementar os esforços do Plano Nacional de Seguro de Saúde (NHIS) na satisfação das necessidades de saúde dos pensionistas. O PMS, que está registado no Liberty Mutual Health Scheme, uma companhia privada de seguros de saúde, cobre os medicamentos não cobertos pelo NHIS.

# CAPÍTULO 3
# METODOLOGIA

## 3.0 Introdução

Nesta secção, a investigação discute a metodologia que foi utilizada para recolher dados para o estudo. Os destaques deste capítulo incluem: a conceção da investigação, a população-alvo, os métodos de amostragem, os métodos/técnicas de recolha de dados, a análise dos dados e um breve perfil da área de estudo.

## 3.1 Ambiente de investigação

A localização geográfica deste estudo é a Metrópole de Acra, na região da Grande Acra do Gana. A Metrópole está situada na faixa costeira do Gana e é a capital administrativa do Gana, bem como a sede do governo. É também um dos 216 distritos metropolitanos, municipais e distritais (MMD'S) do Gana e um dos 16 MMD'S da região da Grande Acra. A Metrópole foi criada pela Lei do Governo Local de 1993 (Lei 462) e pelo Instrumento Legislativo 1615, que também estabeleceu os seis (6) Conselhos Distritais Sub-Metropolitanos em 1995. Tendo passado por uma série de mudanças em termos de tamanho e número de Sub Metros, a metrópole de Accra é agora guiada pela L.I. 2034 após a criação de La Dadekotopon Municipal. A área de estudo é constituída por dez (10) Conselhos Distritais Sub-Metropolitanos, setenta e oito (78) zonas eleitorais e treze (13) círculos eleitorais parlamentares. A metrópole faz fronteira a leste com o município de Ladadekotokpon e com o município de Ledzokuku - Krowor. A oeste, a metrópole faz fronteira com os municípios de Ga west e Ga south. A metrópole estende-se igualmente ao longo do Golfo da Guiné, a sul, e do município central de Ga, a norte

**Figura 3.1: Mapa da metrópole de Accra**

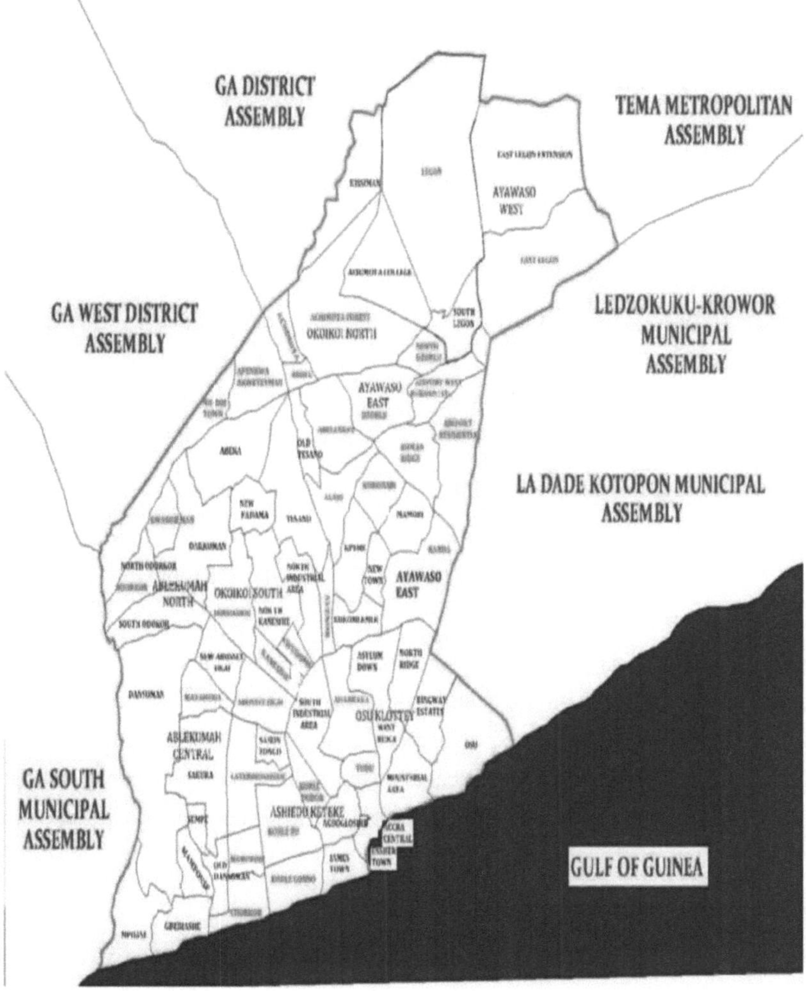


*Fonte: Sistema de Informação Territorial da Gestão Urbana*

O Recenseamento da População e da Habitação (2010) coloca a população residente na área de estudo em cerca de um milhão seiscentos e sessenta e cinco mil e oitenta e seis (1.665.086) com uma taxa de crescimento de 3,1% e cerca de cento e quarenta e nove mil, seiscentos e oitenta e um (149.681) fogos. Há um afluxo diário de mais de dois milhões (2.000.000) de pessoas que se deslocam para a zona para diversas actividades socioeconómicas. A população da metrópole de Accra estimada para 2015 de pessoas com quarenta e cinco (45) anos ou mais é de trezentos e treze mil, duzentos e quarenta e quatro (313.244), de acordo com a tabela 3.1.

**Quadro 3.1 Projeção da população idosa da metrópole de Acra para 2015 (extrato)**

| Faixa etária | masculino | feminino | Total |
|---|---|---|---|
| 45-49 | 38,961 | 42,990 | 81,951 |
| 50-54 | 32,159 | 37,232 | 69,391 |
| 55-59 | 22,806 | 25,327 | 48,133 |
| 60-64 | 17,594 | 19,385 | 36,979 |
| 65-69 | 11,285 | 12,979 | 24,264 |
| 70-74 | 9,592 | 11,433 | 21,025 |
| 75-79 | 5,866 | 7,311 | 13,177 |
| 80-84 | 3,850 | 5,362 | 9,212 |
| 85-89 | 2,106 | 3,289 | 5,395 |
| 90-94 | 917 | 1,590 | 2,507 |
| 95+ | 438 | 772 | 1,210 |
| **TOTAL** | **145,574** | **167,670** | **313,244** |

Fonte: Assembleia Metropolitana de Acra

Uma parte muito pequena da população projectada de 313 244 pessoas constitui os reformados do sector público na metrópole de Accra, que este estudo procurou investigar. A diversidade é caraterística da área de estudo. Por isso, a área de estudo foi escolhida devido à sua natureza diversificada, cosmopolita e nacional, para produzir resultados de investigação e resultados que reflictam o carácter nacional do assunto em questão.

### 3.2 Conceção da investigação

O estudo é um inquérito descritivo transversal. Uma investigação transversal envolve a utilização de diferentes grupos de pessoas que diferem na variável de interesse, mas que partilham outras caraterísticas, como o estatuto socioeconómico, a formação académica e a etnia. Os inquéritos transversais foram descritos como retratos instantâneos das populações sobre as quais recolhem dados. Bland (2001) e Pine, Pitts e Nugent (1997) também descreveram a conceção de estudo transversal como sendo utilizada quando o objetivo do estudo é descritivo, frequentemente sob a forma de um inquérito. Normalmente, não existe uma hipótese propriamente dita, mas o objetivo é descrever uma população ou um subgrupo dentro da população no que diz respeito a um resultado e a um conjunto de factores de risco. O seu objetivo é normalmente encontrar a prevalência do resultado de interesse para a população ou subgrupos da população num determinado momento. Por vezes, são realizados para investigar associações entre factores de risco e o resultado de interesse. Os estudos transversais são, no entanto, limitados e prejudicados pelo facto de serem realizados num único momento e não darem qualquer indicação sobre a sequência dos acontecimentos, sendo difícil fazer inferências.

Apesar das limitações supramencionadas do estudo transversal, este continua a ser relevante para o presente estudo, uma vez que leva menos tempo a realizar e é bastante menos dispendioso. Também é capaz de estimar a ocorrência do resultado de interesse porque a amostra é normalmente obtida de toda a população do estudo.

### 3.3 População

Os grupos de pessoas, objectos ou estabelecimentos que definem a substância de um estudo constituem a população-alvo do estudo (Patton, 2002). Para este estudo, os reformados do sector público em particular e os funcionários relevantes da unidade de pensões da CAGD, do SSNIT e da NPRA constituíram a população do estudo. Os reformados do sector público na metrópole de Accra incluem funcionários públicos reformados dos ministérios, departamentos e agências governamentais (MDA'S) e das assembleias metropolitanas, municipais e distritais (MMDA'S). A população-alvo para este estudo está estimada em dois mil (2.000).

### 3.4 Procedimento/Métodos de amostragem

Neste estudo, foi utilizada uma amostra de cento e quatro (104) reformados. Esta amostra inclui 100 funcionários públicos reformados e 4 funcionários da unidade de pensões do SSNIT, NPRA e CAGD. Os 4 funcionários incluíam 2 funcionários do SSNIT e 1 de cada NPRA e CAGD.

Foi utilizado o método de amostragem intencional para selecionar os quatro (4) funcionários, porque é considerado um meio adequado para obter inquiridos com conhecimentos e bem informados sobre o assunto de interesse (Sarantakos, 2006).

Os 100 funcionários públicos reformados foram obtidos com base na sua disponibilidade e vontade de fazer parte da amostra. O primeiro investigador visitou os escritórios da associação de reformados da CAP 30 do Gana e da associação de reformados do SSNIT do Gana e interagiu com os funcionários destas associações, alguns dos quais responderam voluntariamente ao questionário. Alguns dos questionários foram também deixados nos escritórios destas associações e mais tarde respondidos por pensionistas interessados e dispostos a visitar os escritórios. O primeiro investigador também visitou as unidades de pensões do SSNIT e do CAGD para se encontrar com reformados que se tinham deslocado às mesmas para retificar alguns problemas relacionados com as suas pensões. Alguns dos reformados que se encontraram nestes serviços responderam voluntariamente ao questionário. Os investigadores visitaram ainda bancos durante as horas em que os pensionistas recebiam as suas pensões mensais para interagir com os que estavam dispostos a fazer parte da amostra deste estudo. Esses bancos incluíam o GCB Bank, o La Community Rural Bank e o Agricultural Development Bank. Os investigadores também foram apresentados a alguns dos reformados por amigos. No final, foram selecionados para o estudo 100 funcionários públicos reformados. Os 100 funcionários públicos reformados são 65 do sexo masculino e 35 do sexo feminino.

### 3.5 Métodos de recolha de dados

Os dados primários e secundários constituem as fontes de informação do estudo. Os dados são tanto quantitativos como qualitativos. As entrevistas e os questionários constituem os meios de recolha dos dados primários. Para apoiar os dados primários, foram utilizados dados secundários de relatórios e documentos publicados e não publicados do SSNIT sobre pensões, do boletim NPRA, de relatórios dos meios de comunicação social sobre reformados e de estatísticas do Governo do Gana (GOG). Foram preparados dois questionários distintos, incluindo um questionário para os funcionários públicos reformados e um questionário para os funcionários do SSNIT, NPRA e CAGD Pensions. Todas as duas categorias de questionário envolviam uma mistura de perguntas fechadas, abertas e de escala de Likert.

O questionário para os funcionários públicos reformados continha um total de quarenta e nove (49) perguntas sobre caraterísticas sociodemográficas, questões pré e pós-carreira, elementos constitutivos da qualidade de vida dos reformados do sector público, factores que influenciam a qualidade de vida dos reformados, correlação entre o número de anos de reforma e a qualidade de vida dos reformados, bem como medidas para melhorar a qualidade de vida dos reformados do sector público. O questionário destinado aos funcionários das unidades de pensões SSNIT, NPRA e CAGD inclui duas secções. Ambas as secções eram compostas por um total de vinte e duas (22) perguntas. Os instrumentos foram construídos pelo próprio investigador, com base numa extensa análise da literatura, e revistos para serem melhorados pelo seu supervisor. Foram também pré-testados.

Para quantificar os itens dos instrumentos, foram utilizadas variáveis como concordo fortemente, concordo, indeciso, discordo e discordo fortemente ou constante, flutuante, decrescente e progressivo. Foram também utilizadas outras variáveis de quantificação, como muito bom, bom, razoável, mau e muito mau.

### 3.6 Análise de dados

Foi utilizada a análise descritiva e inferencial para analisar os dados, sendo a análise descritiva a principal. Os dados foram apresentados e interpretados principalmente através de percentagens, tabelas de frequência, gráficos, média, moda e mediana, entre outros. O coeficiente de correlação dos momentos de Pearson (PMCC) foi utilizado para determinar a correlação entre o número de anos de reforma e a qualidade de vida dos reformados.

# CAPÍTULO 4

## APRESENTAÇÃO E ANÁLISE DE DADOS

### 4.0 Introdução

Este capítulo trata dos resultados e das conclusões do questionário aplicado aos reformados do sector público com o objetivo de avaliar a sua qualidade de vida na reforma. A primeira secção do estudo apresenta e analisa as variáveis socioeconómicas obtidas no inquérito. A segunda secção discute alguns pormenores das questões pré e pós-carreira relativas à qualidade de vida. Os elementos constitutivos da qualidade de vida e os factores que influenciam a qualidade de vida foram também discutidos na terceira e quarta secções, respetivamente. O capítulo aborda ainda a relação entre o número de anos de reforma e a qualidade de vida dos reformados. As medidas para melhorar a qualidade de vida dos reformados do sector público também foram consideradas e analisadas neste capítulo. Por último, foram também discutidos os papéis do SSNIT, do NPRA e do CAGD no que respeita à qualidade de vida dos reformados do sector público.

### 4.1 Caraterísticas sócio-demográficas

As variáveis socioeconómicas aqui analisadas são: sexo, idade, estado civil, número de dependentes, nível de escolaridade e religião. Estas variáveis têm a sua própria peculiaridade que pode afetar positiva ou negativamente a qualidade de vida dos inquiridos.

### 4.1.1 Género dos inquiridos

Os homens e as mulheres têm comportamentos divergentes em muitos aspectos. Enquanto os homens assumem sobretudo riscos, as mulheres são normalmente avessas ao risco. Outra dicotomia entre homens e mulheres é o nível das suas necessidades e obrigações. Por conseguinte, é de esperar que exista algum tipo de dicotomia entre os inquiridos do sexo masculino e feminino relativamente à sua reforma e qualidade de vida. O Quadro 4.1 mostra a distribuição por género dos inquiridos.

**Tabela 4.1**: Distribuição dos inquiridos por género

| Género | Frequência | Percentagem (%) |
|---|---|---|
| **Masculino** | 60 | 60 |
| **Feminino** | 40 | 40 |
| **Total** | 100 | 100 |

### 4.1.2 Distribuição etária dos inquiridos

A idade é sinónimo de maturidade e de experiência, pelo que pode influenciar a qualidade de vida de um reformado. Os reformados mais velhos têm mais probabilidades de ter uma melhor qualidade de vida do que os reformados mais jovens, que ainda estão a adaptar-se e a aclimatar-se ao mundo da reforma. No entanto, alguns reformados mais jovens podem também ter uma melhor qualidade de vida do que os reformados mais velhos, devido ao facto de ainda poderem trabalhar e obter um rendimento suplementar que lhes permita melhorar a sua qualidade de vida. A distribuição etária dos reformados do estudo está resumida no Quadro 4.2.

A figura 4.1 e o quadro 4.3 também esclarecem melhor esta questão.

**Quadro 4.2:** Distribuição etária dos inquiridos

| Age category | Frequency | Cumulative Frequency | Percentage (%) |
|---|---|---|---|
| **55-59** | 9 | 9 | 15 |
| **60-64** | 55 | 64 | 49 |
| **65-69** | 19 | 83 | 19 |
| **70-74** | 15 | 98 | 15 |
| **75-79** | 2 | 100 | 2 |
| **Total** | **100** | | **100** |

**Figura 4.1**: Gráfico de barras com a distribuição etária dos inquiridos

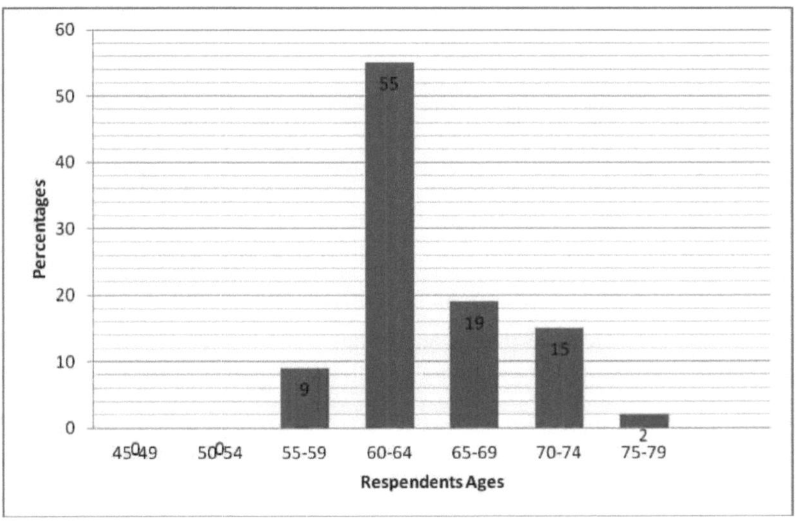

**Tabela 4.3**: Estatísticas descritivas das idades dos inquiridos

| Estatísticas | Idade |
|---|---|
| Média | 64.30 |
| Padrão | 3.25 |
| Desvio | |
| Mediana | 63.73 |
| Modo | 62.80 |

### 4.1.3 Estado civil dos inquiridos

É óbvio que as pessoas casadas e solteiras na vida ativa ou na reforma podem ter exigências diferentes. Cada um dos estados civis, nomeadamente solteiro, casado, divorciado, viúvo ou separado, tem as suas próprias peculiaridades que podem afetar positiva ou negativamente a qualidade de vida de um reformado. Os inquiridos casados podem também ter a vantagem de reunir recursos com os seus cônjuges para melhorar o seu nível de vida. Assim, a qualidade de vida dos reformados do sector público pode diferir na reforma entre os casados e os solteiros. O Quadro 4.4 mostra o estado civil dos inquiridos.

**Tabela 4.4**: Estado civil dos inquiridos

| Estado civil | Frequência | Percentagem (%) |
|---|---|---|
| **Individual** | 5 | 5 |
| **Casado** | 76 | 76 |
| **Divorciado** | 0 | 0 |
| **Viúva** | 17 | 17 |
| **Separados** | 2 | 2 |
| **Total** | **100** | **100** |

### 4.1.4 Reformado Número de dependentes

O número de pessoas a cargo está associado à despesa do agregado familiar. Obviamente, as pessoas com um número mais elevado de pessoas a cargo teriam naturalmente despesas mais elevadas do que as pessoas com um número mais baixo de pessoas a cargo. Por conseguinte, é razoável esperar uma disparidade na qualidade de vida dos reformados com um número diferente de pessoas a cargo. Assim, os reformados com menor número de pessoas a cargo têm mais probabilidades de ter um nível de vida mais elevado do que os seus homólogos com maior número de pessoas a cargo. A distribuição dos inquiridos de acordo com o número de pessoas a cargo é apresentada no Quadro 4.5. A estatística descritiva do número de pessoas a cargo dos inquiridos é igualmente apresentada no Quadro 4.6. A figura 4.2 também esclarece um pouco a questão.

**Quadro 4.5**: Número de dependentes do inquirido

| **Dependentes** | **Frequência** | **Frequência acumulada** | **Percentagem (%)** |
|---|---|---|---|
| **0** | 5 | 5 | 5 |
| **1** | 15 | 20 | 15 |
| **2** | 25 | 45 | 25 |
| **3** | 20 | 65 | 20 |
| **4** | 10 | 75 | 10 |
| **5** | 15 | 90 | 15 |
| **6** | 5 | 95 | 5 |
| **7** | 5 | 100 | 5 |
| **Total** | **100** | | **100** |

**Tabela 4.6**: Estatísticas descritivas dos dependentes dos inquiridos

| **Estatísticas** | **Dependentes** |
|---|---|
| **Média** | 3.05 |
| **Padrão** | 0.44 |
| **Desvio** | |
| **Mediana** | 3 |
| **Modo** | 2 |
| **Observações** | 100 |

**Figura 4.2**: Gráfico de barras com o número de dependentes dos inquiridos

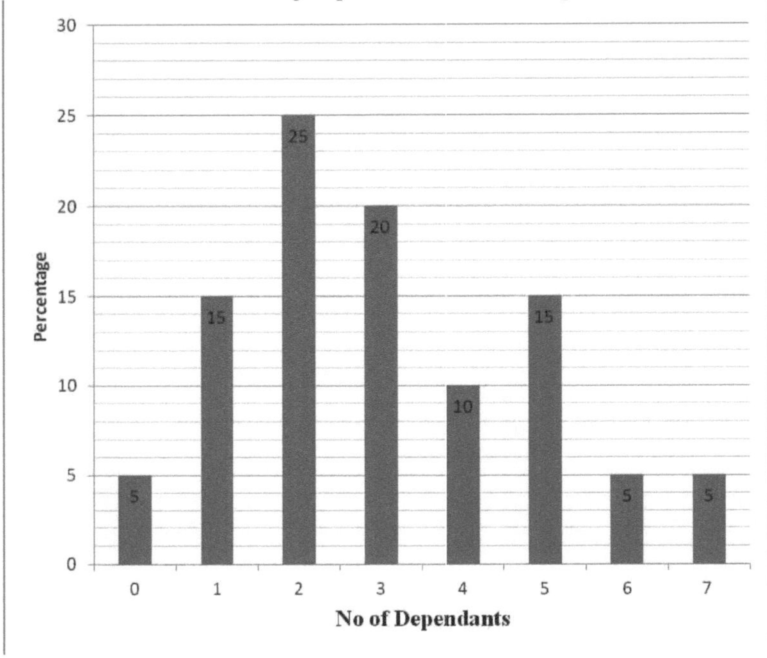


### 4.1.5 Nível de escolaridade dos inquiridos

A formação académica de uma pessoa é suscetível de influenciar a sua qualidade de vida. Um nível de escolaridade mais elevado é sinónimo de rendimentos mais elevados e de capacidade de gerir a vida de forma prudente para obter uma melhor qualidade de vida do que uma pessoa com um nível de escolaridade mais baixo. Assim, os inquiridos com um historial escolar mais elevado são susceptíveis de obter uma melhor qualidade de vida na reforma do que os seus camaradas com um historial escolar mais baixo. O Quadro 4.7 resume a distribuição do nível de instrução dos inquiridos, enquanto a Figura 4.3 esclarece melhor a situação dos inquiridos em termos de habilitações literárias.

**Quadro 4.7**: Nível de escolaridade dos inquiridos

| Educational Level | Frequency | Percentage (%) |
|---|---|---|
| Tertiary | 30 | 30 |
| Post Sec | 35 | 35 |
| Sec/Voc | 22 | 22 |
| MSLC | 13 | 13 |
| No Formal | - | - |
| Total | 100 | 100 |

*Nota: MSLC = Certificado de conclusão do ensino secundário*

**Figura 4.3**: Gráfico de pizza mostrando a formação académica dos inquiridos

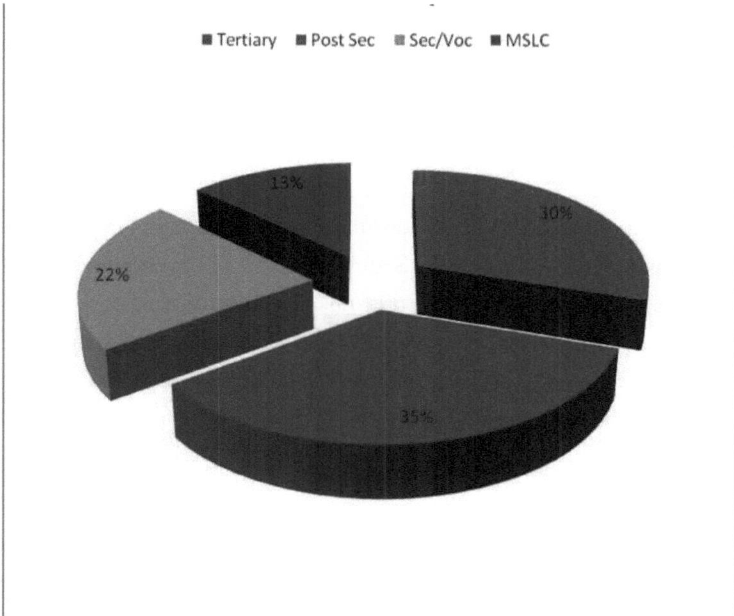


### 4.1.6 Contexto religioso dos inquiridos

A religião ensina aos seus seguidores o caminho para a paz com Deus e com os homens. Também fornece a moral que permite aos seus seguidores viverem vidas com sentido. A origem religiosa de uma pessoa pode influenciar a sua qualidade de vida. As pessoas religiosas são mais susceptíveis de viver uma vida decente e modesta, o que culmina numa melhor qualidade de vida do que as pessoas irreligiosas, por outro lado. Assim, os reformados que são religiosos e acreditam no Deus Todo-Poderoso podem ter uma vida melhor do que os seus colegas que se opõem a Deus. A Tabela 4.8 mostra a distribuição religiosa dos inquiridos.

**Quadro 4.8**: Contexto religioso dos inquiridos

| Religião | Frequência | Percentagem (%) |
|---|---|---|
| **O cristianismo** | 75 | 75 |
| **Islão** | 20 | 20 |
| **Tradicional** | 5 | 5 |
| **Sem religião** | - | - |
| **Outros (especificar)** | - | - |
| **Total** | **100** | **100** |

### 4.1.7 Discussão das conclusões sobre os factores sócio-demográficos

Esta secção analisa as conclusões sobre o sexo, a idade, o número de dependentes, o nível de instrução, o estado civil e a religião dos inquiridos.

Quanto ao género dos inquiridos, os homens constituíam 60% (60) dos reformados incluídos na amostra do estudo, enquanto as mulheres constituíam 40% (40) da amostra. Assim, a maioria dos funcionários públicos reformados é do sexo masculino.

Relativamente à idade dos inquiridos, a maioria dos inquiridos tinha entre 60 e 64 anos, representando 55% da população da amostra. Seguiram-se 19 (19%) dos inquiridos com idades compreendidas entre os 65 e os 69 anos. Os reformados com idades compreendidas entre os 55-59 e os 7074 anos constituíam 9% e 15%, respetivamente, da população da amostra. Dois por cento (2%) da população da amostra representavam inquiridos com idades compreendidas entre os 75 e os 79 anos.

Quanto ao estado civil dos inquiridos, os solteiros constituíam 5, representando 5% da população da amostra. Os viúvos e os separados constituíam 17% e 2%, respetivamente. Na sua esmagadora maioria, 76% da população era constituída por casados. Não se registou nenhum divorciado.

No que diz respeito ao número de dependentes dos inquiridos, a maioria 25 (25%) dos inquiridos ainda tinha duas pessoas a depender deles para a sua subsistência, 5 não tinham qualquer dependente, 15 tinham um dependente, 20 tinham 3 dependentes, 10 tinham 4 dependentes, 15 tinham 5 dependentes, 5 tinham 6 dependentes e outros 5 tinham 7 e mais dependentes.

Relativamente ao nível de escolaridade, 35% da população da amostra possuía o ensino pós-secundário, seguindo-se 30% da população que possuía o ensino superior. Vinte e dois por cento (22%) da amostra possuía o ensino secundário/profissional, enquanto

13% possuía o Middle School Living Certificate (MSLC). Não houve nenhum inquirido sem qualquer tipo de educação formal.

Quanto à origem religiosa dos inquiridos, os cristãos constituíam 75% da população da amostra, enquanto 20% eram muçulmanos. Os restantes 5% da população eram crentes tradicionais. Não houve nenhum inquirido que pertencesse a outra religião para além das três acima mencionadas.

## 4.2 Questões pré e pós-carreira

As questões pré e pós-carreira aqui discutidas incluem a natureza da ocupação antes da reforma, a posição no local de trabalho antes da reforma, os beneficiários e não beneficiários dos seminários de reforma, o número de anos de trabalho na função pública e o aumento da idade de reforma obrigatória. As restantes são o pagamento de um montante fixo aos reformados, a reforma antes da idade de reforma obrigatória, a pensão mensal dos funcionários públicos reformados e o envolvimento dos reformados em actividades geradoras de rendimentos.

### 4.2.1 Natureza da ocupação durante o serviço ativo

Pode haver uma disparidade nas condições de vida dos reformados. Os "reformados" com empregos permanentes têm provavelmente empregos estáveis e rendimentos mais elevados, o que lhes permite planear bem a sua reforma. Por outro lado, os reformados com empregos temporários têm provavelmente rendimentos instáveis e, por isso, podem não ter podido planear bem a sua reforma. A Tabela 4.9 mostra a distribuição dos inquiridos de acordo com a natureza da sua ocupação antes da reforma.

**Quadro 4.9**: Natureza da ocupação durante o serviço ativo

| Ocupação | Frequência | Percentagem (%) |
|---|---|---|
| **Permanente** | 98 | 98 |
| **Casual** | 2 | 2 |
| **Total** | **100** | **100** |

### 4.2.2 Posição no local de trabalho antes da reforma

A posição no local de trabalho implica certos tipos de recompensas e pode influenciar a vida futura da pessoa. A posição do reformado no local de trabalho antes da reforma pode, portanto, afetar positiva ou negativamente a sua vida na reforma. Os reformados que ocupam cargos de gestão antes da reforma podem planear melhor a sua vida na reforma do que os reformados que não ocupam cargos de gestão. O Quadro 4.10 mostra a distribuição dos reformados que se reformaram em cargos de direção e dos que se reformaram em cargos não diretivos. O gráfico de barras da figura 4.4 também esclarece a análise dos cargos ocupados pelos inquiridos antes da reforma

**Quadro 4.10**: Cargo ocupado antes da reforma

| Cargo ocupado | Frequência | Percentagem (%) |
|---|---|---|
| **Cargo de direção** | 30 | 30 |
| **Cargo não diretivo** | 70 | 70 |
| **Total** | **100** | **100** |

**Figura 4.4**: Gráfico de barras que mostra a posição ocupada pelos inquiridos antes da reforma

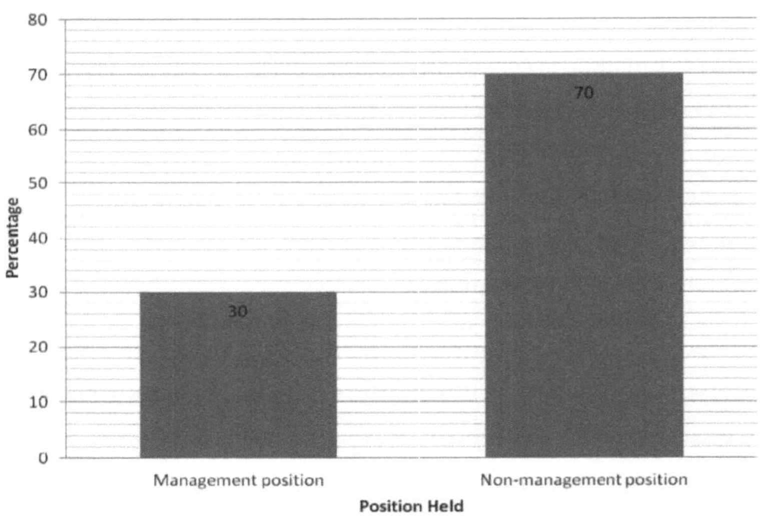


### 4.2.3 Reformados que participaram em seminários de reforma antes de se reformarem

Os seminários de reforma antes da reforma podem ajudar os trabalhadores a planear uma reforma significativa e melhor. Os reformados que tiveram a oportunidade de beneficiar de seminários sobre a reforma têm mais probabilidades de ter planeado adequadamente uma boa qualidade de vida na reforma do que os seus colegas que não tiveram o privilégio de beneficiar desse pacote. O Quadro 4.11 mostra a distribuição dos inquiridos com base nos beneficiários e não beneficiários de seminários sobre a reforma. A figura 4.5 também clarifica o quadro.

**Quadro 4.11**: Inquiridos que participaram em seminários sobre reforma

| Seminário de reforma | Frequência | Percentagem (%) |
|---|---|---|
| **Beneficiários** | 37 | 37 |
| **Não beneficiários** | 63 | 63 |
| **Total** | **100** | **100** |

**Figura 4.5**: Gráfico de barras que mostra os beneficiários e não beneficiários dos seminários de reforma

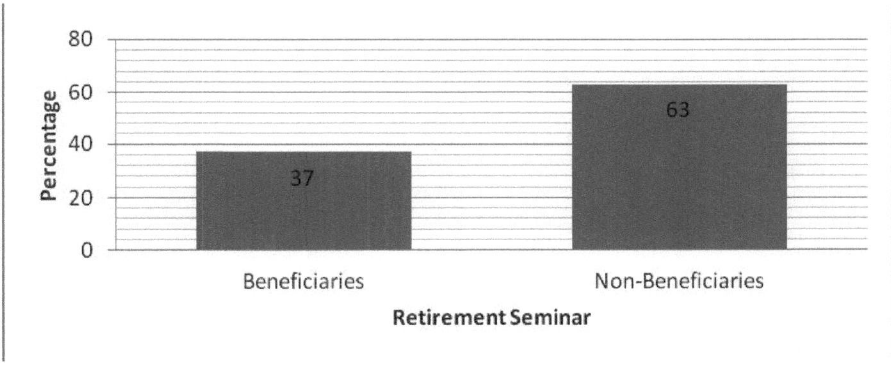


### 4.2.4 Número de anos de trabalho na função pública

O número de anos de trabalho na vida ativa é um dos elementos utilizados para determinar o montante fixo de um funcionário público reformado no Gana. Os reformados que tenham trabalhado durante muitos anos antes da sua reforma, com todos os outros factores constantes, receberão um montante fixo mais elevado do que os reformados com menos anos de trabalho. A Tabela 4.12 mostra a distribuição dos inquiridos pelo número de anos de trabalho na função pública.

**Quadro 4.12**: Número de anos de trabalho

| Número de anos de trabalho | Frequência | Percentagem (%) |
|---|---|---|
| **10-20 anos** | 40 | 40 |
| **20-30 anos** | 51 | 51 |
| **31 anos ou mais** | 9 | 9 |
| **Total** | **100** | **100** |

### 4.2.5 Aumento da idade de reforma obrigatória para 60 anos

A idade da reforma pode contribuir para a qualidade de vida de um reformado. Algumas pessoas reformam-se quando ainda têm força e energia suficientes para trabalhar bem. Outras também se reformam quando não trabalharam durante um bom número de anos para obterem um montante fixo mais elevado e uma pensão mensal que lhes permita melhorar o seu nível de vida. O aumento da idade da reforma poderia ajudar os trabalhadores a reformarem-se com um bom montante fixo e pensões e, consequentemente, melhorar a sua qualidade de vida. A Tabela 4.13 indica a distribuição dos inquiridos com base nos que são a favor e contra o aumento da idade da reforma.

**Quadro 4.13**: Opinião dos inquiridos sobre o aumento ou não da idade da reforma

| Increase in retirement age | Frequency | Percentage (%) |
|---|---|---|
| **respondents in favour** | 56 | 56 |
| **respondents not in favour** | 44 | 44 |
| **Total** | **100** | **100** |

O quadro mostra claramente que a maioria dos inquiridos é a favor da reforma numa idade mais avançada.

### 4.2.6 Reforma antes da idade obrigatória

A reforma antes da idade da reforma obrigatória tem aspectos positivos e negativos e pode também afetar a qualidade de vida. O Quadro 4.14 mostra a distribuição dos reformados entre os que se reformaram antes da idade da reforma obrigatória e os que se reformaram na idade da reforma obrigatória. A maioria (91%) dos inquiridos reformou-se aos 60 anos.

**Quadro 4.14**: Idade de reforma do inquirido

| Reforma obrigatória aos 60 anos | Frequência | Percentagem (%) |
|---|---|---|
| **Reformado antes dos 60 anos** | 9 | 9 |
| **Reformado aos 60 anos** | 91 | 91 |
| **Total** | **100** | **100** |

### 4.2.7 Pagamento de um montante fixo aos reformados

O pagamento de um montante fixo aos funcionários públicos reformados desempenha um papel muito significativo no nível de vida dos reformados. O quadro 4.15 mostra a distribuição dos reformados com base no recebimento da pensão de montante fixo após a reforma. Quanto maior for o montante fixo, maior é o seu impacto no reformado e quanto menor for o montante fixo, menor é o seu impacto no reformado. Os dados indicam que todos os reformados receberam o montante fixo.

**Quadro 4.15**: Receção do montante fixo

| Receção do montante fixo | Frequência | Percentagem (%) |
|---|---|---|
| **Recebido** | 100 | 100 |
| **Não recebido** | 0 | 0 |
| **Total** | **100** | **100** |

### 4.2.8 Pensão mensal atual de um funcionário público reformado

A pensão mensal dos reformados é muito importante para as suas vidas, na medida em que constitui a sua principal fonte de rendimento. Quanto maior for a pensão mensal, melhor será a qualidade de vida dos reformados e quanto menor for a pensão mensal, menor será o nível de vida do reformado. O quadro 4.16 mostra a distribuição dos reformados por pensão mensal. O quadro 4.17 e a figura 4.6 fornecem também mais explicações sobre a pensão mensal.

**Quadro 4.16**: Pensão mensal dos inquiridos

| Pensão mensal | Frequência | Frequência acumulada | Percentagem (%) |
|---|---|---|---|
| **USD1.00 - USD100.00** | 45 | 45 | 45 |
| **USD101.00 - USD200.00** | 34 | 79 | 34 |
| **USD201.00 - USD300.00** | 11 | 90 | 11 |
| **USD301.00 - USD400.00** | 5 | 95 | 5 |
| **USD400.00 - USD500.00** | 3 | 98 | 3 |
| **USD501.00 - USD600.00** | 1 | 99 | 1 |
| **USD601.00 - USD700.00** | 1 | 100 | 1 |
| **Total** | **100** | | **100** |

Figura 4.6: Gráfico de barras com a pensão mensal dos inquiridos

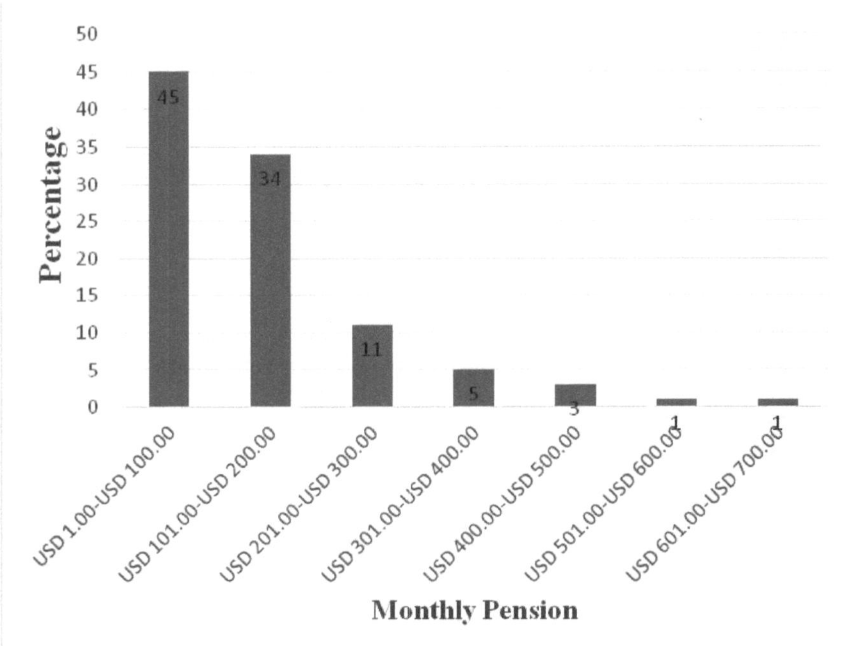


**Quadro 4.17**: Estatísticas descritivas das pensões mensais dos inquiridos

| Estatísticas | Pensão mensal |
|---|---|
| **Média** | 180,13 USD |
| **Mediana** | USD143.96 |
| **Modo** | 100,05 USD |
| **Padrão Desvio** | USD95.43 |
| **Observações** | 100 |

### 4.2.9 Participação em actividades geradoras de rendimentos

O envolvimento de um reformado em actividades geradoras de rendimentos pode contribuir significativamente para a sua qualidade de vida. Um reformado que recebe um rendimento adicional de uma atividade para complementar a sua pensão mensal pode ter um melhor nível de vida do que um reformado que não recebe esse rendimento. O Quadro 4.18 mostra a distribuição dos reformados que se dedicam ou não a actividades geradoras de rendimento após a reforma.

**Tabela 4.18**: Envolvimento dos inquiridos em actividades de geração de rendimentos

| Atividade geradora de rendimentos | Frequência | Percentagem (%) |
|---|---|---|
| **Noivos** | 41 | 41 |
| **Não comprometido** | 59 | 59 |
| **Total** | **100** | **100** |

### 4.2.10Discussão das conclusões sobre questões pré e pós-carreira

Esta secção aborda as conclusões sobre a natureza da profissão, a posição ocupada no local de trabalho antes da reforma, os reformados que participaram em seminários de reforma antes de se reformarem, o número de anos de trabalho na função pública, o aumento da idade de reforma obrigatória, a reforma antes da idade obrigatória e o pagamento de um montante fixo aos reformados. Também foram discutidos os beneficiários e não beneficiários de pacotes adicionais da entidade patronal, a pensão mensal atual e o envolvimento dos reformados em actividades geradoras de rendimentos.

Relativamente à natureza da ocupação, 98% da amostra era constituída por reformados que tinham uma ocupação permanente, enquanto apenas 2% eram reformados com empregos ocasionais. Assim, praticamente todos os funcionários públicos reformados tinham uma ocupação permanente. Quanto ao cargo ocupado antes da reforma, 70% da população reformou-se em cargos não diretivos, enquanto uma minoria (30%) da população se reformou em cargos diretivos.

Relativamente aos inquiridos que participaram em seminários sobre a reforma antes de se reformarem, 37% da população terá beneficiado dos seminários sobre a reforma, enquanto 63% não puderam beneficiar desses seminários. Dezanove por cento (19%) dos inquiridos que beneficiaram dos seminários de reforma concordaram que os seminários foram eficazes, enquanto 81% discordaram que os seminários de reforma foram eficazes. Os inquiridos que discordaram da eficácia dos seminários sobre a reforma indicaram que a natureza rápida dos seminários, a falta de peritos em reforma, a cobertura limitada dos seminários, bem como a organização tardia dos seminários, foram as razões para a ineficácia dos seminários sobre a reforma. Assim, 63% da população entrou na reforma sem qualquer tipo de seminário de reforma para os consciencializar.

No que se refere ao número de anos de serviço público dos inquiridos, 40% da população trabalhou entre 10 e 20 anos antes de se reformar, enquanto 51% trabalhou entre 20 e 30 anos antes de se reformar. Apenas 9% trabalharam 30 anos ou mais. Relativamente ao aumento da idade de reforma obrigatória, 56% dos cidadãos votaram a favor do aumento da idade de reforma obrigatória e 44% não votaram a favor do aumento. Os que são a favor do aumento da idade de reforma propuseram 65 anos em vez de 60. Argumentaram que, aos 60 anos, a maioria das pessoas ainda tem energia e os seus conhecimentos e experiências ainda não foram totalmente aproveitados, pelo que reformá-las aos 60 anos seria um mau serviço para a sociedade e para a nação. No entanto, os que discordam do aumento argumentaram que o aumento da idade da reforma significaria um aumento da taxa de desemprego, uma vez que havia muitos candidatos a emprego à espera.

No que se refere à reforma antes ou na idade da reforma obrigatória, apenas 9% dos inquiridos se reformaram antes da idade da reforma obrigatória de 60 anos, enquanto 91% se reformaram aos 60 anos. Os 9% que se reformaram antes da idade de reforma obrigatória invocaram razões profissionais e de saúde para se reformarem prematuramente ou voluntariamente da função pública.

Quanto ao pagamento de um montante fixo aos reformados, 100% dos inquiridos receberam algum tipo de montante fixo depois de se reformarem da função pública. No entanto, praticamente todos descreveram o montante fixo como inadequado, para além do seu atraso no pagamento. Quanto aos beneficiários e não beneficiários de pacotes adicionais da entidade patronal, apenas 22% dos inquiridos receberam pacotes adicionais e preocupações das suas entidades patronais, para além do montante fixo e da pensão mensal, enquanto 78% dos inquiridos não receberam pacotes adicionais e preocupações das suas entidades patronais. Os inquiridos que receberam pacotes adicionais e preocupações indicaram os benefícios do fundo de previdência, o acesso a cuidados médicos e o apoio à associação de reformados como alguns dos pacotes e preocupações que receberam das suas entidades patronais.

No que respeita às pensões mensais dos funcionários públicos reformados, a maioria (45%) recebe uma pensão mensal entre 1,00 e 100,00 USD, seguida de 34% que recebem uma pensão mensal entre 101,00 e 200,00 USD. 11% da população recebe uma pensão mensal entre USD201,00 e USD300,00, enquanto 5% dos inquiridos recebem uma pensão mensal entre USD301,00 e USD400,00. Outros 3% dos inquiridos recebem uma pensão mensal entre 400,00 e 500,00 USD. Por último, 1% dos inquiridos recebe uma pensão mensal entre 501,00 e 600,00 USD e outro 1% da amostra recebe uma pensão mensal entre 601,00 e 700,00 USD. Quase todos os inquiridos descreveram a sua pensão mensal como lamentavelmente inadequada para satisfazer as suas necessidades básicas para uma qualidade de vida significativa.

Quanto ao envolvimento dos reformados em actividades geradoras de rendimento após a reforma, 41% estavam envolvidos em actividades geradoras de rendimento, enquanto 59% não estavam. Os que se dedicam a actividades geradoras de rendimento referiram a pensão escassa como a razão para se dedicarem a actividades geradoras de rendimento. Alguns dos que não estão envolvidos em actividades geradoras de rendimentos indicaram como motivo a sua incapacidade de encontrar emprego.

## 4.3 Elementos constitutivos da qualidade de vida dos reformados do sector público

Esta secção da apresentação e análise dos dados identifica e descreve os componentes da qualidade de vida, tal como descritos na Tabela 4.19. A tabela demonstra estes elementos constitutivos da qualidade de vida. O investigador forneceu afirmações sobre o que constitui a qualidade de vida com base na revisão da literatura sobre qualidade de vida e fez com que os inquiridos indicassem o seu nível de concordância ou discordância com as afirmações fornecidas. As respostas dos inquiridos a estas afirmações são apresentadas na tabela.

**Quadro 4.19**: Componentes da qualidade de vida

| NÃO | Componente da QV | Positivo (%) | Negativo (%) | Total (%) |
|---|---|---|---|---|
| 1 | **Alimentação** - ter refeições dietéticas adequadas, necessárias e equilibradas | 96 | 4 | 100 |
| 2 | **Abrigo** - alojamento decente sem ter de alugar | 92 | 8 | 100 |
| 3 | **Vestuário** - ter roupa decente para vestir | 89 | 11 | 100 |
| 4 | **Saúde** - bem-estar físico, satisfação das necessidades médicas e de saúde sem dificuldade | 88 | 12 | 100 |
| 5 | **Independência financeira** - ganhar ou possuir algum dinheiro para satisfazer as | 94 | 6 | 100 |

| | necessidades pessoais sem recorrer à mendicidade | | | |
|---|---|---|---|---|
| **6** | **Reconhecimento** - ser visto pelo seu ambiente como tendo ainda algum valor e valia | 90 | 8 | 100 |
| **7** | **Entretenimento/lazer** - ter oportunidade de entretenimento e lazer | 80 | 20 | 100 |
| **8** | **Zero pessoas a cargo** - ser libertado do ónus de cuidar de pessoas a cargo | 75 | 25 | 100 |
| **9** | **Mobilidade** - poder deslocar-se para locais de eleição com meios de transporte seguros e acessíveis | 71 | 29 | 100 |
| **10** | **Legado** - ter um património tangível para legar | 89 | 11 | 100 |

### 4.3.1 Discussão dos resultados sobre os componentes da QV

A partir da Tabela 4.19, a maioria dos 96 (96%) dos participantes considerou a alimentação como um elemento da QV. Assim, ter uma alimentação adequada, necessária e equilibrada enquanto reformado é um elemento importante que contribui de forma significativa para a qualidade de vida do reformado. Apenas 4% da população discordou da afirmação anterior. Quanto à questão de possuir uma habitação condigna para se abrigar, sem ter de recorrer ao aluguer forçado, 92% da população afirmou que a habitação é um elemento significativo da qualidade de vida dos reformados. No entanto, 8% da população tem uma opinião contrária em relação à afirmação sobre o abrigo. No que respeita ao vestuário como elemento constitutivo da qualidade de vida, 89% da população votou a favor desta afirmação e apenas 11% da população teve uma opinião contrária.

A saúde como componente da QV também recebeu 88% de aprovação da população, com apenas 12% da população a ter uma opinião diferente. No que diz respeito à independência financeira, ou seja, ganhar ou possuir algum dinheiro para satisfazer as necessidades pessoais sem recorrer à mendicidade para se sustentar, a esmagadora maioria de 94% da população aprovou-a como um componente da QV. No entanto, 6% da população votou contra esta opinião. No que diz respeito ao reconhecimento, que se refere a ser visto pelo seu ambiente como tendo ainda algum valor e valia, 90% dos inquiridos afirmaram-no como um componente da qualidade de vida. Dez por cento (10%) da população opôs-se, no entanto, a esta afirmação sobre o reconhecimento. No que diz respeito ao entretenimento e ao lazer como componente da qualidade de vida, 80% dos inquiridos afirmaram que o entretenimento e o lazer contribuem significativamente para o nível de vida dos reformados, enquanto a percentagem restante não aprovou esta opinião.

Outro elemento da QV dos reformados que recebeu o apoio da maioria foi a ausência de dependentes e o facto de não ter de continuar a cuidar de dependentes mesmo depois da reforma. A maioria (75%) dos inquiridos afirmou fortemente este ponto de vista e 25% não ficou convencido com esta afirmação. No que se refere à mobilidade, ou seja, o facto de um reformado ter o seu próprio meio de transporte a preços acessíveis ou poder deslocar-se para locais de eleição de forma segura e a preços acessíveis, 71% da população concordou fortemente com a opinião sobre a mobilidade como constituinte da qualidade de vida e 29% da população não concordou com a opinião. Por último, o legado como elemento constitutivo da qualidade de vida também foi maioritariamente apoiado pelos inquiridos, com 89% da população a afirmar a opinião de que um reformado que tenha um património tangível para legar à sua linhagem é um elemento constitutivo da qualidade de vida dos reformados. No entanto, onze por cento (11%) dos inquiridos têm uma opinião contrária à afirmação sobre o legado.

Da discussão acima sobre os componentes da qualidade de vida, pode deduzir-se e concluir-se que uma esmagadora maioria de 84,40%, em média, aprovou os elementos da Tabela 4.19 como componentes da QV para os reformados do sector público na metrópole de Accra. Para além de aprovarem os componentes da qualidade de vida acima referidos, os inquiridos recomendaram também a prática regular de exercício físico como componente importante da QV dos reformados.

### 4.4 Factores que influenciam a qualidade de vida dos reformados

Esta secção do capítulo descreve os factores que influenciam a QV desejada do funcionário público reformado, tal como indicado no Quadro 4.20. Os investigadores forneceram afirmações sobre os factores que afectam negativamente o nível de vida desejado pelos reformados com base na revisão da literatura e os inquiridos foram convidados a indicar o seu nível de concordância ou discordância com as afirmações fornecidas.

**Quadro 4.20**: Factores que influenciam a qualidade de vida

| NÃO | Fator | Sim (%) | Não (%) | Total (%) |
|---|---|---|---|---|
| 1 | Factores **financeiros -** restrições financeiras / recursos financeiros limitados ou vice-versa. | 100 | - | 100 |
| 2 | **Factores de saúde** - como paralisia, cancros, doenças cujo tratamento é demasiado dispendioso ou vice-versa. | 84 | 16 | 100 |
| 3 | **Factores naturais** - tais como acidentes, catástrofes, mau tempo, etc. ou vice-versa. | 80 | 20 | 100 |
| 4 | **Factores psicológicos** como a solidão, a depressão, o medo da morte, etc. ou vice-versa. | 68 | 32 | 100 |
| 5 | Factores **socioeconómicos** - como o elevado custo de vida, a criminalidade, a insegurança, etc., ou vice-versa. | 88 | 12 | 100 |

### 4.4.1 Discussão das conclusões sobre os factores que influenciam a QV

A partir da Tabela 4.20, uma esmagadora maioria de 100% da população afirmou fortemente que os factores financeiros, tais como recursos financeiros limitados ou vice-versa, podem influenciar a QV de um reformado. Nenhum dos inquiridos levantou objecções a esta afirmação sobre os factores financeiros. No que se refere aos factores de saúde, 84% (84%) da população apoiou a opinião de que os factores de saúde, como a paralisia, os cancros e as doenças demasiado dispendiosas para tratar ou a melhoria do estado de saúde, podem ter impacto no nível de vida do funcionário público reformado. Dezasseis por cento (16%) dos inquiridos discordaram da afirmação.

No que se refere aos factores naturais, como as catástrofes, o mau tempo ou vice-versa, 80% da população votou a favor da opinião de que os factores naturais podem influenciar a QV de todas as pessoas, incluindo os funcionários públicos reformados. Isto apesar do facto de 20% dos inquiridos terem uma opinião contrária a esta afirmação. Quanto aos factores psicológicos, como a solidão, a depressão, o medo da proximidade da morte ou vice-versa, 68% afirmaram que estes factores podem influenciar a QV do reformado. Os factores socioeconómicos, incluindo o elevado custo de vida, a criminalidade e a insegurança, também foram maioritariamente apoiados pelos inquiridos. A maioria (88%) dos inquiridos concordou com esta afirmação.

A partir da discussão acima sobre os factores que influenciam a QV, pode verificar-se que 100%, 84%, 80%, 68% e 88% concordaram que os factores financeiros, de saúde, naturais, psicológicos e socioeconómicos, respetivamente, influenciam a QV. Assim, pode concluir-se que uma maioria significativa de 84%, em média, aprovou os factores como questões que influenciam a qualidade de vida dos reformados do sector público na metrópole de Accra.

### 4.5 Número de anos na reforma e qualidade de vida

Esta secção do capítulo analisa a relação entre o número de anos de reforma e a QV dos funcionários públicos reformados. Para determinar em que medida o número de anos se relaciona com a QV dos reformados, foi utilizado o Coeficiente de Correlação Momento-Produto de Pearson (CCMP) para analisar os dados. O objetivo era ajudar a testar a hipótese de que "Existe uma correlação significativa entre o número de anos de reforma (NOYIR) e a qualidade de vida". Os resultados são apresentados no Quadro 4.21.

**Tabela 4.21: Correlação entre a correlação do NOYIR e a QV**

| | | QOL |
|---|---|---|
| NOYIR | Pearson Correlation | -.51 |
| | Sig. (2-tailed) | -5.87 |
| | N | 100 |

*Nota: NOYIR= Número de anos na reforma, a correlação não é significativa ao nível de 0,05 (bicaudal).*

O Quadro 4.21 mostra que não existe uma correlação significativa entre o número de anos de reforma (NOYIR) e a qualidade de vida (QV). Por conseguinte, a hipótese de que o número de anos de reforma influencia a QV não foi confirmada.

### 4.5.1 Discussão dos resultados sobre o NOYIR e a QV

A partir do Quadro 4.21, a conclusão pressupõe que existe um elemento de correlação inversa entre o número de anos de reforma e a qualidade de vida do reformado, exceto que a correlação é insignificante. Isto significa que pode haver outros factores que se correlacionam com a qualidade de vida para além do número de anos de reforma.

## 4.6 O papel do SSNIT, NPRA e CAGD na qualidade de vida dos reformados do sector público

Esta secção trata da relevância do SSNIT, do NPRA e do CAGD na manutenção de um nível de qualidade de vida dos funcionários públicos reformados. A partir do inquérito, verificou-se que as instituições governamentais acima mencionadas têm o mandato de desempenhar papéis vitais e cruciais para a melhoria da qualidade de vida dos funcionários públicos reformados. Estas instituições, especialmente o SSNIT, organizam workshops sobre a reforma para os trabalhadores antes da sua reforma, processam os documentos dos reformados para o pagamento do montante único e asseguram pagamentos mensais rápidos e sustentáveis das pensões dos reformados. Estas instituições dispõem de balcões de atendimento aos reformados para receber todas as queixas e reclamações relacionadas com os reformados. Estas instituições continuam a iniciar e a aplicar políticas que beneficiam os reformados. Por exemplo, a promulgação e a aplicação da nova lei das pensões de 2008 (Lei 766). Esta lei visa garantir a segurança dos rendimentos dos funcionários públicos reformados para complementar a sua qualidade de vida.

Espera-se que a NPRA desempenhe o seu papel de supervisão e regulamentação para salvaguardar e garantir os interesses e o bem-estar dos reformados em todos os momentos importantes. Estas instituições são também obrigadas a rever continuamente as pensões dos reformados, de modo a adaptá-las ao aumento do custo de vida.

No âmbito dos questionários administrados aos funcionários do SSNIT, do NPRA e do CAGD, foram-lhes fornecidas algumas afirmações sobre os reformados do sector público, nas quais deviam indicar o seu grau de concordância ou discordância. Curiosamente, as respostas recebidas aos questionários foram desanimadoras. Apesar das honrosas tarefas do SSNIT, do CAGD e do NPRA para com os funcionários públicos reformados, muito não foi feito por estas instituições para aliviar a situação dos reformados. O pagamento de um montante fixo e de uma pensão mensal não permite uma vida decente na reforma. Consequentemente, a maioria dos funcionários públicos reformados não vive muito tempo após a reforma, devido à má qualidade de vida ocasionada pela escassa pensão e por outros factores.

# CAPÍTULO 5

# RESUMO DOS RESULTADOS, CONCLUSÕES E RECOMENDAÇÕES

## 5.0 Introdução

O capítulo apresenta o resumo dos principais resultados do estudo relativamente ao problema e aos objectivos do estudo. As conclusões tiradas com base nos resultados do estudo são também tratadas neste capítulo. Por último, o capítulo termina com recomendações que poderão melhorar a qualidade de vida dos funcionários públicos reformados.

## 5.1 Resumo das principais conclusões

A qualidade de vida não se limita a uma única componente, mas sim a vários elementos conglomerados para definir a QV de uma pessoa. A partir da discussão e da análise, chegámos às seguintes conclusões.

i. A alimentação, o abrigo, o vestuário, a saúde, a independência financeira, o reconhecimento, o entretenimento/lazer, a ausência de dependentes, a mobilidade, o legado e o exercício físico regular são elementos que constituem a QV dos funcionários públicos reformados.

ii. Os factores financeiros, naturais, de saúde psicológica e socioeconómicos influenciam a QV desejada do reformado do sector público.

iii. O número de anos de reforma não tem uma correlação significativa com a qualidade de vida.

## 5.2 Conclusões

Os resultados do estudo permitem tirar várias conclusões. Em primeiro lugar, pode concluir-se que a alimentação, o abrigo, o vestuário, a saúde, a independência financeira, o reconhecimento, o entretenimento/lazer, a ausência de dependentes, a mobilidade, o legado e o exercício físico regular são o que constitui a qualidade de vida dos funcionários públicos reformados na metrópole de Accra.

Também se pode concluir que os factores financeiros, naturais, de saúde psicológica e socioeconómicos influenciam o nível de vida desejado pelos reformados do sector público. Assim, estes factores podem influenciar positiva ou negativamente a qualidade de vida dos funcionários públicos reformados. Não existe uma correlação significativa entre o número de anos de reforma e a qualidade de vida de um reformado.

## 5.3 Recomendações

A reforma é um mundo à parte, com a sua própria magnificência, peculiaridades e desafios, pelo que requer algumas medidas para a tornar significativa e proveitosa para os funcionários públicos reformados. Com base nos resultados e conclusões acima referidos, foram feitas as seguintes recomendações.

O Governo poderia assegurar revisões regulares da fórmula utilizada no cálculo dos montantes fixos dos funcionários públicos reformados, de modo a permitir que os reformados recebam um pacote de reforma melhorado, que seja suficientemente generoso e capitalizado para estabelecer o reformado na reforma. Além disso, poderia proceder-se a revisões contínuas das pensões mensais, de modo a que estas correspondam aos padrões de vida actuais.

O Governo, em colaboração com a sociedade civil e as organizações não governamentais, poderia construir lares de terceira idade e centros recreativos para os reformados, especialmente para os reformados menos privilegiados que não têm a sorte de ter a sua própria casa antes da reforma. Recomenda-se também que o Governo inicie políticas que permitam aos funcionários públicos reformados beneficiar de serviços públicos gratuitos, como transportes e cuidados médicos, bem como de isenções de certas taxas e impostos. Recomenda-se ainda a criação de um fundo para os reformados, no qual tanto o Governo como os funcionários públicos em atividade possam contribuir para o fundo, para que os reformados possam beneficiar dele em caso de necessidade. Por último, recomenda-se a realização de mais investigação sobre este tema, com uma amostra e uma cobertura maiores.

# REFERÊNCIAS


Abedu-Kennedy, D. (2014). A Autoridade Reguladora Nacional das Pensões introduz Três

- Regime de pensões de três níveis; disponível online em http ://www.ghana-news.adomonline.com/news/2014/september24th/national-pensions- regulatory-authority-introduces-three-tier-pension-scheme.php [acedido em 20 de abril de 2015].

Ashidam, Benedict (2011): O problema do regime de pensões CAP 30 no Gana. Universidade de Ciência e Tecnologia Kwame Nkrumah; Disponível em http://www.dspace.knust.edu.gh (Acedido em 15 de maio de 2015).

Atchley. R. C. (1974). The meaning of retirement. *Journal of Communications,* 24, 97-101.

Bland, M. (2001). *An Introduction to Medical Statistics.* 3ª Edn. Oxford: Oxford University Press.

Chung, M. (1997). A critique on the concept of quality of life (Uma crítica ao conceito de qualidade de vida). *Revista Internacional de Garantia da Qualidade dos Cuidados de Saúde, 10* (2), 80-84.

Constituição da República do Gana, (1992).

Crowley, J. E. (1986). Longitudinal effects of retirement on men's health (Efeitos longitudinais da reforma na saúde dos homens). *Journal of Business Psychology, 1* (2), 95-113.

Dalia, A., & Juozas, R. (2007): *Quality of Life and its Components Measurement.* Universidade de Vilniaus, Vilnius.

Essel, I. (2014). GMA, NAGRAT, GES, CLOSAG, Oito outros declaram greve a nível nacional; Disponível online em www.myjoyonline.com/news/2014/October-21st/gma-nagrat-ges-clogsag-eight-others-declare-nationwide-strike.php [Acedido em 20 de abril de 2015].

Ferrer, A. (2004): *Happiness Quantified: A Satisfaction Calculate Approach,* Oxford University Press, p 312.

Furmonavicius, T. (2001). Gyvenimo kokybes tyrimai medicinoje // *Bio-medicina, 2 (1), 128-132.*

Forças Armadas do Gana, (2015). Veterans Administration in Ghana; Disponível online em http://www.gaf.mil.gh/index.php?option=com

content&view=article&id=71 :v eterans-administration-of-ghana&catid=34:vag&Itemid=57 [acedido em 09 de abril de 2015].

Ghana News Agency, (2015); Pensioners Medical Scheme Identity Card Unveiled; disponível em linha em http://www.ghananewsagency.org/health/pensioners- medical-scheme-identity-card-unveiled-862352015 [acedido em 12 de abril].

Gilgeous, V. (1998): *Manufacturing Managers: Their quality of working life; Integrated Manufacturing Systems, 9,* 173-181.

Glatzer, G., Camfield, L. Moller, V. & Rojas, M. (eds., 2013). Global *Hanbook of quality of life. Exploração do bem-estar de continentes e nações.* Springer.

Holmes, T. H., & Rahe, R. H. (1967): The social readjustment rating scale. *Journal of psychosomatic research, 11, 213.* http://study.com/academy/lesson/cross- sectional-research-definition-examples-quiz.html [Acedido em 25 de maio de 2015].

Jackson, W.A. (2009). Retirement Policies and the Life Cycle: Current Trends and Future Prospects. *Revista de Economia Política, 21*(4) 515-536.

Johnson, B.L. ( 2008). Retirement, em Sana Loue, JD e Martha Sajatovic *Encyclopedia of Aging and Public Health.*

Kale-Dery, S. (2015). Alteração da Lei das Pensões para garantir uma reforma decente - SSNIT. *Daily Graphic, edição n.º 19719, 20 de março de 2015^_p43.*

Kpessa, Michael (2011). A comparative analysis of pension reforms and challenges in Ghana and Nigeria (Uma análise comparativa das reformas e desafios das pensões no Gana e na Nigéria). *Revista Internacional de Segurança Social, 64, 92-104.*

Kumado, K., & Gockel, F. (2003). A study on social security; Disponível online em library.fes.de/pdf-files/bueros/ghana/50022.pdf (Acedido em 25 de maio de 2015).

Mc Call, S. (2005). Indicadores de qualidade de vida no lazer. *Universidade Comunitária de Investigação Social,* p 244.

Mein, G., Martikainen, P., Hemingway, H., Stansfeld, S., & Marmot, M. (2003). Is retirement good or bad for mental and physical health functioning? Whitehall

II estudo longitudinal dos funcionários públicos. *Revista de Epidemiologia e Saúde Comunitária, 57,* 46-49.

Mensah, D. A. (2014). The New Three -Tier Pension Scheme; Disponível online em http://npra.gov.gh/site/index.php?option=com content&view=article&id=56:th e-new-three-tier-pension-scheme&Itemid=3 [Acedido em 20 de abril de 2015].

Molly, M. (2009). Eight strategies to improve your quality of life; disponível online em www.strategy.com/2009/04//8-strategies-to-improve-your-life [acedido em 2015, 23 de junho].

Patton, M. Q. (2002). *Qualitative Evaluation Methods.* Beverly Hills, Sage Publications.

Pine CM, Pitts NB, Nugent ZJ (1997): British Association for the Study of Community Dentistry (BAS CD) guidance on sampling for surveys of child dental health. Uma norma de qualidade do programa de epidemiologia dentária coordenado pela BASCD. *Community Dental Health; 14* (suppl. 1), S10-S17.

Ross, D.G. e Wills, L. (2009). Measuring financial preparation for retirement: A new scale using Australian evidence. *Financial Services Review,18,* 381-399.

Ruzevicius, J. (2006). *Kokybès vadybos modeliai ir j^ taikymas organizacij^ veiklos tobulinimui.* Vilnius: Vilniaus universiteto lei-dykla.

Sarantakos, S. (2006). *Social Research* (3ª Ed). Londres, Macmillan Press Ltd.

Shaw, W.S, Patterson, T. L., Semple, S., & Grant, I. (2008). Health and wellbeing in retirement : *A summary of theories and their implications, In* Michel Hersen and Vincent B. Van Hasselt (eds., 2008). Handbook of Clinical Geropsychology. Springer Science+Business Media, LLC

Shin, D (1979): The concept of Quality of Life and the Evaluation of Developmental Efforts; *Comparative Policies, 2,* 299-304.

Skerrett P. J (2013): Is retirement good or bad for your health?; Disponível em http://articles.sun-sentinel.com/2013-03-19/health/fl-jjps-retire-0320- 20130319 1 retirement-study-successful-retirement-public-health [Acedido em 2015 abril 18].

Tobin, M. (2010): Factores que Influenciam a Qualidade de Vida; Disponível online em www.lifepaths360.com/index.phd/factors-that-influence-quality-life-4928 [acedido em 2014 março 22].

Townsend, P (1963): *The Family of Older People,* Pelican, Londres.

MIX
Papier aus verantwortungsvollen Quellen
Paper from responsible sources
FSC® C105338

Printed by Books on Demand GmbH, Norderstedt / Germany